Günter Schenk

Glücksorte an der Nahe

Fahr hin & werd glücklich

Dieses

Glücksbuch

ist für

Liebe Glücksuchende,

der Nahe ganz nahe zu sein, das hatte ich mir in den letzten Monaten vorgenommen. Von der Quelle bis zur Mündung habe ich den Fluss kennengelernt. Und entdeckt, welche Schätze an seinem Ufer und im Hinterland versteckt sind und welche Erzählungen sich dahinter verbergen.

Rechts und links des Ufers, aber auch in den Städtchen und Landstrichen rundum, gibt es vieles zu entdecken: Kirchen, sehenswerte Fachwerkbauten, Klöster und Burgen, stumme Zeugen keltischen und römischen Lebens, kleine und größere Museen. Eingebettet sind diese geschichtsträchtigen Orte in eine liebliche Landschaft. Hektik, liebe Glücksuchende, ist an der Nahe übrigens ein Fremdwort.

Die Gegend ist ideal zum Wandern und Radfahren ohne Eile. Denn Müßiggänger entdecken auch die schönsten Glücksorte, die oft versteckt liegen, wie die Kletterfelsen bei Kirn oder Wald- und Wiesenwege mit großem Überraschungspotenzial für Naturliebhaber. All diese lauschigen Ecken zwischen Saar und Rhein laden dazu ein, die Welt neu zu erkunden: zu Land, zu Wasser oder wie die Paraglider aus der Luft.

Ihr Günter Schenk

Deine Glücksorte ...

… noch mehr Glück für dich

Der Ursprung von allem

1 Die Nahequelle bei Selbach

Ein Haufen Steine, grob zusammengeschichtet am Südhang des Eckersberges und gerahmt von Büschen und Bäumen, mittendrin ein Wasserauslauf: die Quelle der Nahe. Wo die Nahe ihren Ursprung hat, beginnt auch der Nahequelle-Pfad, der in gut 1,5 bis 2 Stunden um das Quellgebiet führt – durch Wälder und Felder, über Holzbrücken, an Waldgeistern und weiteren kindgerechten Waldstationen und Rastplätzen vorbei. Perfekt für eine unbeschwerte Draußen-Zeit.

Neben der Quelle weist ein gemeißelter Steinblock, den man dort 1968 setzte, die Länge der Nahe mit 112 Kilometern aus. Seitdem aber scheint sie gewachsen, zumindest gibt das Internetlexikon Wikipedia 125 Kilometer an. Also frage ich neugierig beim Bundesamt für Gewässerkunde nach, wo die Spezialisten sitzen und länderübergreifend aktuelle Gewässerdaten verwalten. Dort hat ein Mitarbeiter aktuell 127,1 Kilometer errechnet. In gut einem halben Jahrhundert hat sich die Nahe also um rund 15 Kilometer ausgedehnt – das liegt sicher nicht nur an neuen und besseren Messmethoden, sondern auch an Umleitungen und der teilweisen Renaturierung, dank der die Nahe wieder wilder fließen darf.

TIPP

An der Quelle startet auch der Nahe-Radweg nach Bingen.

Zwei unbekannte Glücksritter scheint die Nahe jedenfalls von Anfang an so beseelt zu haben, dass sie einen der Steine über der Fassung der Quelle mit Glückssymbolen bemalten. Seitdem grüßen Glückskäfer, Hufeisen, Schornsteinfeger, Herz, vierblättriges Kleeblatt, Glückspilz, Sonne, Mond und Sterne dort die Wanderer. Ein paar Schritte weiter gibt es zudem einen Erlebnisort für die ganze Familie: mit Klettergerüsten, Riesenrutsche, Schaukeln, Balancierstangen, Spielstationen und einem großen Gehege, in dem Wildesel und Ponys zu Hause sind.

Die Nahequelle erreicht man am besten über Selbach, einem Ortsteil der Gemeinde Nohfelden. Von dort ist der Zubringer zum Parkplatz unweit der Quelle ausgeschildert.

- Nahequelle mit Wildgehege Selbach, 66625 Nohfelden
  www.nohfelden.de
- ÖPNV: von Türkismühle diverse Buslinien, Haltestelle Primstaler Straße

LÄNGE 112
1968

Rhein in Flammen

2 Lichterspektakel über der Nahemündung

In leuchtenden Farben erscheinen die Zinnen der Burg Klopp. In helles Licht ist die alte Römerbrücke über die Nahe getaucht. Mancher Weinberg gleicht kurz einem bengalischen Flammenmeer. Und hoch über Bingen stehen feurige Sterne, die krachend wie bunte Träume zerplatzen. „Rhein in Flammen“ heißt das traditionsreiche Spektakel, das seit bald einem halben Jahrhundert gewöhnlich am ersten Samstag im Juli die Massen an und auf den Rhein lockt. Denn vor der Nahemündung selbst lagert eine Armada festlich illuminierter Schiffe, die ganz langsam stromaufwärts gleitet und Bingens Schönheiten Jahr für Jahr in ganz neuem Licht erscheinen lässt.

Genauer betrachtet verkörpert Rhein in Flammen eine neue Form der Rhein-Romantik, bei der nicht mehr wie noch im 19. Jahrhundert das individuelle Erleben von Landschaft und Natur im Mittelpunkt steht. Heute ist es eine kollektive Lebenslust, die sich einmal im Jahr an wechselnden Orten zwischen Bonn und Rüdesheim Bahn bricht. Verteilt über das Jahr nämlich tauchen die Touristiker und ihre Mitstreiter aus der Eventbranche den Rhein und seine Burgen in bunte Farben, verzaubern große Feuerwerke das enge Rheintal und machen es so zu einem Glücksort, den man liebend gern gemeinsam mit Freunden erobert. Idealerweise auf einem der vielen Dutzend Schiffe, die an diesem Tag unterwegs sind.

Schon am frühen Abend legen die kleinen und großen Boote in Bingen oder Rüdesheim Richtung Loreley ab – vorbei an Burgen und Ortschaften, die heute Teil des UNESCO-Welterbes sind. Wenn es im Tal schließlich richtig dunkel ist, trifft sich die Schiffsflotte mit den neuen Rhein-Romantikern an Bord vor der kleinen Ortschaft Trechtingshausen. Über Burg Reichenstein empfängt sie in der Regel das erste Lichterspektakel. Weitere folgen an der Burg Rheinstein und am Binger Mäuseturm. Feurige Kaskaden, welche die Nacht zum Tag machen. Das große Finale steigt schließlich vor Mitternacht unweit der Nahemündung. Dann scheint der Rhein wirklich in Flammen zu stehen!

● Rhein in Flammen, 55411 Bingen am Rhein
www.rhein-in-flammen.com

● ÖPNV: diverse Zuglinien, Haltestelle Bingen (Rhein) Hauptbahnhof oder Bingen (Rhein) Stadt

Vom „Wasser des Lebens“

3 Whisky-Museum Kirn

Hoch über der Stadt liegt Kirns Wahrzeichen: die Kyrburg. Im Lauf des Mittelalters fand sie immer wieder neue Gestalt. 1734 jagten sie französische Truppen in die Luft. Zurück blieben Ruinen, die schließlich versteigert wurden. 1988 übernahm die Stadt ihre baulichen Reste, zu deren Füßen ein Mitte des 18. Jahrhunderts errichtetes Haus noch immer steht. Heute ist es ein Gasthaus mit sehenswertem Pub und großer Terrasse, von der sich schöne Blicke ins Nahetal bieten.

Die eigentliche Schatzkammer des Hauses aber liegt tief unter der Erde, weshalb die Kyrburg sich heute „Deutschlands Whisky-Burg“ nennt. Über 5000 volle und leere Whiskyflaschen lagern im Keller. Sie bilden den Grundstock eines Museums, das regelmäßig zum Probieren lädt. Manchmal kommen dann auch Raritäten zum Ausschank, die angeblich auf keiner Getränkekarte und in keinem Geschäft zu finden sind. Flaschen etwa, die aus einem Schiffswrack geborgen wurden. Oder Whisky, der jahrzehntelang irgendwo in Fässern lag, ehe man ihn in Flaschen füllte. Solche Glücksmomente können pro Person dann schon mal so viel wie eine preiswerte Urlaubswoche im Bayerischen Wald kosten.

Neben zahllosen Flaschen sind im Museum auch historische Dokumente wie Rezepturen oder Rechnungen von Händlern zu sehen, daneben alte Destillationsgeräte samt einer alten Kupferbrennblase und Küferwerkzeuge. Werbeplakate und Emailleschilder erzählen aus der Geschichte des Getränks, dessen Erfindung die Schotten ebenso wie die Iren für sich reklamieren. „Wasser des Lebens“ war der Whisky jedenfalls in beiden Ländern, wo man vergorene Maische aus Getreide destillierte und anschließend im Holzfass reifen ließ. Natürlich lässt sich Whisky in Kirn auch einkaufen. Besonders verpflichtet fühlt man sich den Malt Whiskys, die man in schottischen Destillerien gern im Fass einkauft und dann exklusiv in Flaschen weiter veräußert.

- Whisky-Museum, Restaurant & Pub Kyrburg, Auf der Kyrburg 1, 55606 Kirn
www.whiskymuseum.de
- ÖPNV: von Kirn Bus 272, Haltestelle Friedhof, rund 10 Minuten Fußweg

CAOL ILA
ESTD 1846
Walker
BRUICH
KILCHOMAN

Tretmühle auf Schienen

4

Mit der Draisinenbahn den Glan entlang

Es ist ein Glück, selbst über Abfahrt und Ankunft bestimmen zu können. Diese Freiheit genießen nicht nur Autofahrer und Pedalisten, sondern längst auch Schienenreisende: auf der Draisinenbahn. Die Draisine ist eine Art Riesenfahrrad auf Schienen, das bis zu vier Personen Platz bietet. Zwei davon treten in die Pedale, damit es vorwärtsgeht, der Rest sitzt auf einer breiten Rückbank. Luxuriöser ist die Elektrodraisine, die dem Draisinenradler dank eines kleinen Elektromotors Muskelkraft spart. Schließlich ist die Draisine kein Sportgerät, sondern ein Spaßgerät auf Schienen.

Was dem Spaß entgegenstehen könnte, hat man aus dem Weg geräumt. Das Lenken zum Beispiel ist nicht nötig, weil die Schienen einer stillgelegten Eisenbahnstrecke durch das Nordpfälzer Bergland den Weg vorgeben. So bleibt viel Muße, den Blick nach rechts und links schweifen zu lassen: über Wiesen und Wälder und auf den Glan, der neuerdings wieder idyllisch mäandern darf, bevor er kurz vor Staudernheim schließlich in die Nahe mündet. An 28 Haltepunkten, alle 1,5 Kilometer etwa, können Müßiggänger ihre Draisine parken und die Gegend zu Fuß erkunden oder mit einem richtigen Fahrrad, das man sozusagen als Gepäck auf die Tour mitnehmen kann. Empfehlenswert sind ein Stadtbummel durch Meisenheims historische Altstadt oder eine Stippvisite auf dem Disibodenberg, wo Hildegard von Bingen ihre erste Zeit im Kloster verbrachte.

TIPP

Draisinentouren sind von Anfang April bis Oktober im Angebot. Im Winter sind Sonderfahrten möglich!

Entgegenkommen kann einem auf der Tour übrigens niemand, schließlich wird an geraden Tagen nur von Staudernheim nach Altenglan gefahren, an den ungeraden Tagen umgekehrt. Die Strecke ist 40 Kilometer lang oder nur 20, wenn man in Lauerecken ein- oder aussteigt. Für die Rückfahrt nutzt man am besten öffentliche Verkehrsmittel. Wer sich die manchmal schweißtreibende Treterei übrigens ersparen will, nimmt den von einem Traktor gezogenen Musikantenland-Express, der bis zu 20 Personen bequem Platz bietet. Da kann es bei der Ankunft schon mal dunkel werden, was dem Vergnügen nicht schaden muss.

- Draisinentour, u.a. Ausleihstation Staudernheim, Bahnhofstraße, 55568 Staudernheim, www.draisinentour.de
- ÖPNV: von Staudernheim Bus 260, Haltestelle Lauterecken; von Lauterecken Bus 270, Haltestelle Altenglan

31

Helden der Kindheit

5 Museum für PuppentheaterKultur Bad Kreuznach

Sie sind Kult: Bernd, das Brot, der stille Held aus dem Kinderkanal, Käpt'n Blaubär und Hein Blöd, die Protagonisten aus der „Sendung mit der Maus", Spejbl und Hurvinek vom Prager Marionettentheater, die einst im DDR-Fernsehen von sich reden machten, der Li-La-Laune-Bär, der bis Mitte der 1990er-Jahre bei RTL für Stimmung sorgte, und Ulli von Bödefeld, der einst die „Sesamstraße" aufmischte. In Bad Kreuznach haben all diese bekannten Figuren aus dem Fernsehen eine neue Heimat gefunden – zusammen mit Tünnes un' Schäl aus dem Kölner „Hänneschen-Theater", dem Hohnsteiner Kasper oder Robbi, Tobbi und das Fliewatüüt, den Kinderbuchhelden aus den 1960er-Jahren. Insgesamt über 1000 verschiedene Figuren vereint das Museum für PuppentheaterKultur, kurz PuK genannt, auf über 900 Quadratmetern Ausstellungsfläche. Gute und böse Gestalten, schöne und hässliche. Männer und Frauen, Alte und Junge. Es ist die ganze Breite des Lebens, die hier Gestalt gefunden hat. Eine Welt voller Poesie und Fantasie, die als Puppentheater längst zum kulturellen Welterbe gehört.

Das PuK spiegelt seine Geschichte, vor allem die gut 100 letzten Jahre, als sich das Puppentheater zu einer eigenständigen Theatergattung entwickelte, die mehr wollte, als das Volk bei guter Laune zu halten. Das Museum für PuppentheaterKultur verweist auf die große Tradition des Puppenspiels und seiner Macher und Macherinnen auf der ganzen Welt und ist dabei viel mehr als ein Erinnerungsort. Dafür sorgen eine Marionettenprobierstation und eine Multifunktionsbühne, ein Ort zum eigenen Spielen für die Museumsbesucher. Zu den Preziosen des Museums gehören neben wechselnden Sonderausstellungen regelmäßige Gastspiele in- und ausländischer Puppenbühnen. Sie hauchen den Holzköpfen und Figuren aus vielerlei Materialien jenes Leben ein, das sie zu Publikumslieblingen machen. Zu Helden und Heldinnen, die einem zum Lachen, aber manchmal auch zum Weinen bringen können. Im Puppentheater hat das Glück viele Gesichter!

- Museum für PuppentheaterKultur (PuK), Hüffelsheimer Straße 5, 55545 Bad Kreuznach, Tel. (06 71) 8 88 80 91 00 21 www.bad.kreuznach.de/puk
- ÖPNV: von Bad Kreuznach Bus 203, Haltestelle Schlosspark

Von Lamas und Alpakas

6 Im AllerHand-Café in Nohen

Anne Hennes hat Tiere schon immer gemocht. Als Kind hatte sie Kaninchen, später träumte sie vom eigenen Pferd. Zuvor aber galt es, ein 200 Jahre altes Bauernhaus in Nohen an der Nahe zu sanieren, einem kleinen Dorf ganz im Westen von Rheinland-Pfalz. Das Gehöft verwandelte sich in ein Café und eine kleine Herberge mit zwei Doppel- und einem Einzelzimmer. Was blieb aber war die Liebe zu den Tieren. Heute leben auf Annes Hof 13 Lamas, vier Alpakas, vier Hunde, drei Ziegen, eine Katze, ein Pferd und ein Shetlandpony. Ein paar Alpakas oder Lamas wuseln meist rund um das Haus – zur Freude der Café-Besucher, die von Balkon oder Terrasse aus ihrem Treiben zusehen können. Vor allem die kuscheligen Alpakas haben sie ins Herz geschlossen, die Wolllieferanten aus Südamerika. Sie begleiten Anne heute zusammen mit Lamas auf ihren Touren. Meist jedes Wochenende, aber unter der Woche, ist sie mit sechs bis acht ihrer „Flauschis“ unterwegs. Auf kurzen Schnuppertouren oder längeren Ausflügen. Auch Kindergeburtstage und Betriebsausflüge, bei denen auch schon mal eine halbe Hundertschaft an Mitwanderern zusammenkommen kann, halten Anne mit ihren Tieren auf Trab. Jeweils zwei Personen führen die Lamas und Alpakas, die geduldig sind und wenig Ansprüche haben. „Das sind Vegetarierer. Die brauchen nur Gras und Heu. Blätter und Geäst sind willkommene Leckerbissen. Dies gibt’s auf den Wanderungen gratis und frisch!“

TIPP
Nohen liegt am Nahesteig, auf dem sich die Obere Nahe bestens erwandern lässt.

Einmal jährlich werden die Lamas und Alpakas geschoren, deren Vlies sich wunderbar zu weichem Garn spinnen lässt. Außerdem ist es wegen seiner Eigenschaften auch für Allergiker gut geeignet. Im kleinen Laden des Cafés können Besucher die Wolle kaufen samt allerlei kleinen Geschenken, die Anne zum Teil selbst fertigt. Wie willkommen ihr Gäste sind, hat sie auf ihrer Webseite klar definiert: „Gastfreundschaft ist, wenn der Gast unser Haus glücklicher verlässt, als er gekommen ist.“

- Café AllerHand, Hauptstraße 26, 55765 Nohen, Tel. (0 67 89) 2 20 00 66 www.cafe-allerhand.com (Fr–So)
- ÖPNV: von Idar-Oberstein RB 33 oder RB 34, Haltestelle Nohen

Auf den Spuren Hildegards

7

Hildegardweg von Idar-Oberstein bis Rüdesheim

Er ist lang, aber nicht zu anstrengend. Vor allem, wenn man sich Zeit lässt und die rund 135 Kilometer des Pilgerwanderweges in viele Etappen aufteilt. Am Ende erwartet den Wanderer sogar eine besondere Belohnung: der Besuch bei den Schwestern, die Hildegards Erbe pflegen. Denn hoch über Rüdesheim halten Benediktinerinnen die Erinnerung an die große Ordensfrau wach, die medizinisch ebenso bewandert war wie musikalisch, dichterisch oder philosophisch. Wer will, kann sich im Klosterladen mit ihren Schriften eindecken oder einfach nur ein Pilgerbrötchen im Klostercafé genießen, wo man schon morgens ein Frühstücksbuffet aufbaut. Süßmäulchen schätzen die selbst gemachten Obstkuchen oder die Nussecken aus Dinkel. Und natürlich schenken die Schwestern auch das ganze Jahr über ihren eigenen Wein im Klostercafé aus, dessen Trauben zu Füßen des Klosters reifen. Immer auch stehen die Türen der Klosterkirche für Pilger und Wanderer ständig offen. Besonders nah kommt man dem Klosterleben, wenn man für ein paar Tage im Gästehaus der Benediktinerinnen Station macht. Gebete und Gespräche mit den Nonnen sind die beste Art, sich mit Hildegards Gedanken und Ideen weiter anzufreunden. Einer Konfession, sagen die Schwestern, muss man als Klostergast nicht angehören.

TIPP

Informationen zur Benediktinerabtei Sankt Hildegard unter: www.abtei-st-hildegard.de

Seinen Anfang nimmt der Hildegardweg am Deutschen Mineralienmuseum in Idar-Oberstein. Vorbei an Niederhosenbach, Hildegards möglichem Geburtsort, führt die gut ausgeschilderte Route über Bad Sobernheim zur Klosterruine Disibodenberg hoch über Nahe und Glan. Hier oben verbrachte Hildegard den Großteil ihres Lebens. Bingen schließlich erzählt von ihrem eigenen ersten Kloster, dessen Einfluss im „Museum am Strom" unweit der Nahemündung ausführlichst dokumentiert ist. In Rüdesheim schließlich endet der Pilgerweg. Dort auch, im Vorort Eibingen, liegen ihre Gebeine in einem goldenen Schrein, der jährlich an Hildegards Todestag, dem 17. September, in feierlicher Prozession durch die Straßen getragen wird.

- Hildegardweg, Einstieg beim Deutschen Mineralienmuseum, Hauptstraße 436, 55743 Idar-Oberstein, www.hildegardweg.eu
- ÖPNV: RB 33, RB 34 oder RE 3, Haltestelle Bahnhof Idar-Oberstein

Oase der Flattermänner

8

Das SchmetterlingsReich in Staudernheim

Im Frühling sind sie dessen erste Boten, der geflügelte Lenz sozusagen. Aber auch früh im Herbst betören noch die bunten Falter an der Nahe. An vielen Stellen erfreuen naturbelassene Auen und Hänge die Tierwelt und das Herz der Betrachterin. So finden Schmetterlinge hier schon als Raupe und Puppe ein ideales Zuhause. In Staudernheim hat das Mitmach-Museum für Naturschutz den zarten Faltern sogar ein eigenes „SchmetterlingsReich" eingerichtet. Anders als in vielen Schmetterlingsgärten unter gläsernen Dächern schwirren hier oft Hunderte kleiner und farbenprächtiger Tiefflieger unter freiem Himmel herum.

Schmetterlinge gehören zu den artenreichsten Insekten. Die meisten haben vier Flügel, die – obwohl nicht miteinander verbunden – alle gleichzeitig bewegt werden können. Sie erlauben es, punktgenau alle Blüten anzusteuern, deren Nektar ihre wichtigste Nahrung ist. Manche Falter leben nur einen Tag, andere wie der Zitronenfalter ein ganzes Jahr samt Überwinterung. Meist sind ihnen nur wenige Wochen vergönnt. Unbeschwert sind die freilich nicht, gilt es für die Schmetterlinge doch, möglichst rasch ein Weibchen zu finden und sich zu paaren. Dazu dient die Balz, bei der beide Geschlechter miteinander spielen. Eindrucksvoll sind diese Luftkämpfe, an deren Ende die Schmetterlinge ihre Hinterleiber zur Befruchtung vereinen. Nach der Paarung legen die Weibchen ihre Eier ab, aus denen dann die Raupen schlüpfen, die Larven der Falter. Gleich nach ihrem Schlüpfen fressen sie fast nur noch und legen bis zum Tausendfachen an Gewicht zu. Schließlich verpuppt sich „Raupe Nimmersatt", um als Schmetterling neu geboren zu werden: mit großen Flügeln, Kopf und Fühlern, Brust, Hinterleib und sechs Beinen, mit denen sie sich auf den Blüten festhalten kann.

TIPP
Staudernheim ist auch im Mai und Juni interessant, wenn es auf dem Orchideenpfad blüht.

Dank der schmetterlingsfreundlichen Habitate in Staudernheim lässt sich ihr Treiben besonders gut beobachten. Aber auch anderswo in den Wiesen, Feldern und Weinbergen entlang der Nahe lohnt es sich, nach den bunten Vertretern Ausschau zu halten. Einfach ein bisschen Geduld mitbringen!

- Nahe der Natur – Mitmach-Museum für Naturschutz, Schulstraße 47, 55568 Staudernheim, www.nahe-natur.com
- ÖPNV: RB 33 oder RE 3, Haltestelle Bahnhof Staudernheim, rund 15 Minuten Fußweg

Paradies für Wasserratten

9 Der Bostalsee

Italien hat den Gardasee, die Schweiz den Vierwaldstättersee – und das Saarland den Bostalsee. Er ist nur eine gute Stunde Fußmarsch von der Nahequelle entfernt. Doch anders als die erstgenannten Gewässer, die schon viele 10.000 Jahre alt sind, schufen die Saarländer ihren Stausee erst in den 1970er-Jahren. Seitdem ist er eines der wichtigsten Freizeitparadiese im deutschen Westen und ein Eldorado für Wassersportler.

Wer will, erobert den See im Tretboot oder quert ihn im Nachen oder Kahn, die allerdings keine Motoren haben dürfen. Kanuten und Ruderer pflügen gemütlich über die Wasserfläche. Andere haben ihre liebste Auszeit auf dem Surfboard oder wenn sie auf Brettern stehend durchs Wasser paddeln. Stand-up-Paddling oder SUP heißt das neudeutsch. Segler setzen auf die Winde, die ihren Booten Tempo machen. Und erprobte Taucher lockt ein versunkenes Schiff tief im See. Sogar eine Kuhfigur gibt es seit Neustem unter Wasser zu entdecken.

Freibäder mit Liegewiesen laden zum Schwimmen oder einfach nur zum zwanglosen Plätschern im Nichtschwimmerbereich – immer aber unter Aufsicht erfahrener Rettungsschwimmer. Und Angler freuen sich von Mitte Februar bis Silvester über Aale, Forellen, Zander und Hechte, die von der Güte des Wassers im Bostalsee profitieren. Für Glücksmomente sorgt zudem eine 25 Meter lange Wellenrutsche im Strandbad Bosen.

Rund um den See führt ein knapp 7 Kilometer langer, betonierter und spätabends beleuchteter Weg, der an Strandbädern ebenso entlanggeht wie an einem großen Indoorspielplatz. So kommen auch Jogger, Radler und Spaziergänger am Bostalsee auf ihre Kosten. Hunderte Ferienhäuser und -wohnungen, Hotels, Camping- und Zeltplätze säumen den See: Unterkünfte für jeden Geldbeutel, die für den einen oder anderen vielleicht zum Glücksort werden können!

- Freizeitzentrum Bostalsee, Am Seehafen 1, 66625 Nohfelden-Bosen
www.bostalsee.de
- ÖPNV: von Saarbrücken oder Idar-Oberstein RE 3, Haltestelle Türkismühle, dann Bus R11, Haltestelle Bostalsee

Das Erbe der Gauchos

10 Spießbraten in Idar-Oberstein

Was den Münchnern ihr Weißbier oder den Hamburgern ihr Labskaus ist den Menschen in Idar-Oberstein der Spießbraten. Kein Wunder, dass hinter vielen Häusern ein Grill steht. Geschichtlich betrachtet ist der Spießbraten nichts anderes als Pizza oder Döner: ein gastronomischer Kulturimport, den Idar-Obersteiner Edelsteinhändler Mitte des 19. Jahrhunderts von ihren Reisen nach Brasilien mitbrachten. Dort nämlich lernten sie bei den einheimischen Gauchos den Churrasco kennen, die Art, Rindfleisch über offenem Feuer am Spieß zu grillen. Weil ihnen das Ganze gefiel und das Fleisch dazu noch schmeckte, probierte man die brasilianischen Rezepte auch an der Nahe aus, wo man statt Rind meist Schwein und später gern auch Lamm garte. Und statt nur mit Salz würzte man die Fleischbrocken zusätzlich mit Pfeffer, Knoblauch und viel Zwiebeln. Nur bei der Menge machte man keine Abstriche! Zentimeterdicke Stücke zwischen 300 und 500 Gramm bestimmen auch heute noch den Idar-Obersteiner Spießbraten. Noch immer nach altem Rezept zubereitet und aufgetischt wird er zum Beispiel im Gasthaus „Zum Alten Goten“, zu Füßen der Felsenkirche in einem mittelalterlichen Fachwerkhaus. Schweinekamm und Filet, Lammhüfte, Färsen-Ribeye (Entrecôte) oder Roastbeef werden dort traditionell 20 bis 30 Minuten, je nach Dicke des Fleisches, auf einen Rost über offenes Buchenfeuer gelegt und beidseitig angebraten, damit sich die Poren schließen, und dann über reichlich Glut langsam gegart. Serviert wird er schließlich mit einer großen Kartoffel, gewürzten Zwiebeln, Knoblauchsoße und Salatteller.
Gütezeichen des Spießbratens ist übrigens, weiß man im Alten Goten, „wenn der Saft aus dem Fleisch austritt oder das Fleisch beim Draufdrücken wenig oder gar nicht mehr nachgibt“. Und einen Trost für alle, die noch nie einen Spießbraten gemacht haben, hält man in Idar-Oberstein ebenfalls bereit: „Bei der Zubereitung ist noch kein Meister vom Himmel gefallen, aber schon oft das Fleisch ins Feuer.“

- Zum Alten Goten, Hauptstraße 468–470, 55743 Idar-Oberstein, Tel. (0 67 81) 20 88 20, www.zum-alten-goten.de
- ÖPNV: von Idar-Oberstein Bus 305 oder 306, Haltestelle Stadttheater

Paradies für Schatzsucher

11 Das Steinkaulenbergwerk in Idar-Oberstein

Für Glücksuchende ist es eine unterirdische Märchenwelt, für Geologen eines der größten Achatfelder Europas. Eine gute Stunde Fußmarsch von der Nahe entfernt begeistern die Edelsteinminen am Rande Idar-Obersteins mit Amethysten, Bergkristallen, Rauchquarzen und vor allem Achaten. Großteils freigelegt rücken sie heute Scheinwerfer ins rechte Licht, das ihren Glanz vervielfacht.

Idar-Obersteins Edelsteinminen sind die einzigen Europas, die besichtigt werden können. Von Mitte März bis Mitte November, jeden Tag zwischen 10 und 17 Uhr, begleiten Führer interessierte Besucher durch die kühlen Stollengänge, in denen das ganze Jahr über Temperaturen zwischen 10 und 12 Grad Celsius herrschen. Der ideale Platz also etwa an Hitzetagen!

Bereits im 14. Jahrhundert sollen Edelsteinschürfer die ersten Gänge in den Berg gegraben haben. Schließlich hatte schon Hildegard von Bingen auf die heilende Kraft des Achats aufmerksam gemacht, den sie als eine Art Schutzgeist Mondsüchtigen ebenso empfahl wie von der Fallsucht geplagten Zeitgenossen. Der eine oder andere Esoteriker schwört übrigens noch heute darauf, dass die Steine bei mancher Entzündung heilsam sein könnten.

Ein gut 400 Meter langer Weg führt heute durch den Besucherstollen der ehemaligen Edelsteinmine. Vorbei an einem kleinen unterirdischen See, über den eine Holzbrücke verläuft. Denn unter Wasser leuchten die Farben noch romantischer! Die „Kaulen" genannten Abraumfelder gaben dem Steinkaulenberg übrigens den Namen. Sie erinnern daran, dass die edlen Steine anfangs überirdisch abgebaut wurden. Deshalb hat man in Idar-Oberstein auch wieder ein kleines Schürffeld angelegt. Ausgestattet mit Hacke, Pickel und Spaten können Jung und Alt hier dreimal täglich für rund 2 Stunden auf Schatzsuche gehen. Und damit die Besucher auch immer etwas finden, vergraben die Betreiber der Anlage hin und wieder bunte Steine im Boden. Manchmal muss man dem Glück eben ein bisschen nachhelfen!

- Edelsteinminen Steinkaulenberg, Im Stäbel, 55743 Idar-Oberstein
www.weiherschleife-steinkaulenbergwerk.de
- ÖPNV: von Idar-Oberstein Bus 332, Haltestelle Algenrodt Dreschplatz, rund 20 Minuten Fußweg

In die nahen Dolomiten

12 Die Schwarze Wand in Kallenfels

Knapp 8 Stunden Fahrzeit sind es gewöhnlich mit dem Auto von der Nahe in die Dolomiten – so wie von Kirn ins italienische Gröden. Dabei liegen die Dolomiten an der Nahe ganz nahe: mit interessanten Kletterfelsen und schönen Wanderwegen. Denn was den Südtirolern der Langkofel ist den Menschen an der Nahe die Schwarze Wand in Kallenfels, einem Stadtteil von Kirn. Die ist zwar nur 30 statt über 3000 Meter hoch, Schwindelfreiheit aber braucht auch hier jeder, der den Felsklotz mit seiner senkrechten Wand zu Füßen der mächtigen Burgruine Stein erobern will.

Der Kallenfels ist der König der Kirner Dolomiten, die zwischen Kirn und Oberhausen liegen. Gleich 15 Kletterrouten mit Schwierigkeitsgraden zwischen 4+ und 8 vereint der steinerne Riese. Die meisten sind bestens präpariert und mit Haken in der Wand gesichert. Weniger geübten Wandkrabblern bleiben die unteren, den Routiniers die oberen Schwierigkeitsgrade. Was die Schwarze Wand zudem so beliebt macht, sind der Wanderparkplatz und eine große Grillhütte direkt zu ihren Füßen. Da muss man seine Kletterausrüstung nicht weit schleppen!

TIPP

Autofahrer parken im Kirner Ortsteil Kallenfels auf dem Wanderparkplatz am Ende der Straße Im Freihaus.

Aber auch die übrigen Felsen in den Kirner Dolomiten können sich sehen lassen. Es sind überwiegend Quarzit-Felsen, eingebettet in eine Wald- und Wiesenlandschaft. Sie laden neben dem Klettern mit Seil auch zum Bouldern ein, bei dem man ohne jedes Hilfsmittel in geringer Höhe schräge Wände bezwingen muss.

Gegenüber der Schwarzen Wand beeindruckt die Ruine der Burg Steinkallenfels, die im 17. Jahrhundert zerstört wurde und heute von einer Zeit zeugt, als noch Ritter den Ton angaben. Für sie waren die nach allen Seiten einsehbaren Bergkuppen um Kirn die idealen Bauplätze. Sie boten nicht nur beste Sicht, sondern auch alle Chancen, ungebetene Gäste draußen zu halten. Sicherheitseinrichtungen wurden nicht gebraucht, was wahre Glücksorte auch heute noch ausmacht!

- Schwarze Wand, Im Freihaus 2, 55606 Kirn
- ÖPNV: von Kirn Bus 352, Haltestelle Kallenfels

Vom herzlosen Erzbischof

13 Der Mäuseturm in Bingerbrück

Der große neogotische Turm in Blickweite der Nahemündung beeindruckt noch immer. Für Besucher ist der Mäuseturm allerdings meist unerreichbar. Umso glücklicher stimmen die Tage im Jahr, wenn ein Schiff zum Turm hinübersetzt und die Passagiere die Insel erkunden können.
Schon als Kind hat mich der Mäuseturm fasziniert. Das lag an meinem Vater, der mir immer, wenn wir am Mäuseturm vorbeikamen, von einem Mainzer Erzbischof erzählte. Von einem hartherzigen Tyrannen, der sich während einer großen Hungersnot weigerte, seine Kornkammern zu öffnen. Als die Menschen daraufhin wütend vor seinen Palast zogen, ließ er sie in eine Scheune sperren und verbrennen. „Hört ihr, wie die Kornmäuse pfeifen!“, soll er den in den Flammen um Hilfe Schreienden zugerufen haben.
Schon bald darauf aber eroberten Massen von Mäusen seinen Mainzer Bischofspalast, sodass er auf einer kleinen Rheininsel unweit der Nahemündung Schutz suchte. In der dortigen Zollstation hängten ihm seine Diener das Bett an Ketten auf. Kaum aber hatte er sich zum Schlafen gelegt, rückten auch dort die Nager an und fraßen den Gottesmann auf. Noch heute, erzählt man sich in Bingen, umwehe der Geist des Erzbischofs während stürmischer Nächte in Gestalt einer grauen Wolke den Mäuseturm, da der grausame Geizhals noch immer keine Ruhe gefunden habe.
Historisch erwiesen ist nur, dass der vermutlich im 14. Jahrhundert errichtete Mäuseturm im 17. Jahrhundert komplett zerstört und erst Mitte des 19. Jahrhunderts vom preußischen König im neogotischen Stil wieder aufgebaut wurde. Mehr als 1 Jahrhundert wurde mit Signalen vom Mäuseturm aus die Rheinschifffahrt durchs Binger Loch gesteuert, bis in den 1970er-Jahren die Verbreiterung der Fahrrinne diese Regelung des Schiffsverkehrs überflüssig machte. Heute ist der Mäuseturm Bingens Wahrzeichen und Blickfang für alle, welche die Nahemündung passieren.

● Binger Mäuseturm, 55411 Bingen-Bingerbrück
www.bingen.de
● ÖPNV: RB 26, Haltestelle Bingen (Rhein) Hauptbahnhof

Ein Traum im Fels

14

Die Felsenkirche in Idar-Oberstein

Von unten betrachtet, kann man sich eigentlich nur wundern. Wer zum Teufel kam eigentlich auf die Idee, hoch über der Stadt eine Kirche in die Nische eines Felsens zu bauen? In brüchiges Gestein, das auch heute noch Gefahren birgt. Um diese möglichst klein zu halten, hat man zuletzt sogar einen Tunnel in den Felsen gehauen, der den Kirchgang sicherer macht. Und sehr viel Geld haben Stadt, Land und Kirchengemeinde erst kürzlich wieder in die Sicherung des Hanges über dem Gotteshaus gesteckt; so garantieren sie den Erhalt des Wahrzeichens von Idar-Oberstein auch für die nächsten Generationen.

Weniger spektakulär als von außen, zeigt sich die evangelische Kirche innen, wo ein gotischer Taufstein und ein mittelalterlicher Flügelaltar aus dem frühen 15. Jahrhundert erhalten sind. Prächtiges Interieur, das von ihrer langen Geschichte erzählt. Einer immer mal wieder variierten Sage nach wurde die Felsenkirche von einem einzigen Mann in den Stein gehauen, angeblich um den Mord an seinem Bruder zu sühnen. Geschichtlich gibt es dafür keine Beweise. Wissenschaftlich erwiesen ist nur, dass ein gewisser Wirich von Daun-Oberstein die Kirche Ende des 15. Jahrhunderts errichten ließ. Der Kirchenbau war der Traum des offiziell 14-fachen Vaters, der dazu höchstwahrscheinlich eine bereits seit dem 14. Jahrhundert bestehende Kapelle hoch über der Stadt umbaute. Anders nämlich ist die kurze Bauzeit der Felsenkirche nicht zu erklären: Papst Sixtus IV. hatte den Neubau 1482 bewilligt, 1484 war sie angeblich schon fertig. Nur noch Stückwerk in der Kirche ist das Fensterbild ihres Erbauers, dessen Original bei einem Felssturz 1742 mit vielen anderen Teilen des Gemäuers zu Bruch ging und erst viel später wieder zusammengesetzt und ergänzt wurde.

Wegen ihrer Lage ist die Felsenkirche übrigens nur zu Fuß erreichbar. Entweder über eine Treppe vom Marktplatz oder über eine Treppe von der Hauptstraße über die Gasse „Im Gebück". Relativ eben ist der Zugang über einen Weg am Ende der Genossenschaftsstraße.

TIPP

Die Felsenkirche ist gewöhnlich Donnerstag bis Sonntag von 12 bis 17 Uhr geöffnet.

- Felsenkirche Idar-Oberstein, Kirchweg, 55743 Idar-Oberstein
  www.felsenkirche-oberstein.de
- ÖPNV: von Idar-Oberstein Bus 305 oder 306, Haltestelle Stadttheater

DEUTSCHES MINERALIENMUSEUM

Naheland alpin

15 Der Rotenfels bei Bad Münster am Stein

Für viele liegt das Glück auf den Gipfeln der Berge. Hunderttausende zieht es deshalb Jahr für Jahr in die Alpen oder anderswo nach Europa. So weit aber muss man gar nicht reisen. Denn als die höchste Steilwand zwischen den Alpen und Skandinavien gilt vielen der Rotenfels bei Bad Münster am Stein. Für Lokalpatrioten ist er gar der deutsche Ayers Rock, wie die Australier ihr mächtiges Felsmassiv im Herzen ihres Landes nennen.

Was von unten wie eine sperrige Mauer aussieht, lässt die Welt von oben umso weiter werden. Einmalig sind die Panoramablicke vom Felsplateau, an dem ein abwechslungsreicher Hangweg entlangführt. Tief unten schlängelt sich die Nahe im Tal Richtung Rhein, lässt Platz für ein paar Weinberge. Die Trauben profitieren von der mächtigen Felswand, die wie ein Wärmespeicher wirkt.

Vom Wanderportal Rotenfels (Geokoordinaten 49.8200, 7.8354) aus, wo die meisten zur Erkundung der Region starten, gibt es drei ausgeschilderte Wanderstrecken. Die leichte IntroTour Rotenfels führt eine gute Stunde am Felshang entlang. Anstrengender ist die ClassicTour, eine Halbtageswanderung. Und einen ganzen Tag ist man auf der VitalTour unterwegs, die bis nach Bad Kreuznach führt.

TIPP

Mit dem Auto erreicht man den Parkplatz am Rotenfels über die Ortschaft Traisen.

1200 Meter ist der Rotenfels insgesamt breit und mehr als 200 Meter hoch. Eine alpine Herausforderung und nichts für Freizeitkletterer! Rinnen, Kamine und Überhänge verlangen höchste Konzentration und viel, viel Übung. An vielen Stellen ist das Klettern zum Schutz der am Rotenfels heimischen Greifvögel wie der dort nistenden Wanderfalken verboten. Wegen seiner Flora und Fauna, die den Trockenrasen über dem Felsmassiv besonders schätzen, vor allem aber wegen seiner geologischen Beschaffenheit, zählt der Rotenfels zu den ältesten Naturschutzgebieten der Region. Zum Glück wurde er schon 1939 unter Schutz gestellt!

- Rotenfels, 55595 Traisen, www.bad-muenster-am-stein.de
- ÖPNV: RB 33, Haltestelle Bahnhof Bad Münster; von Bad Kreuznach Bus 253, Haltestelle Traisen

Nahe am Wasser

16 Der Nahesteig

Der Nahesteig bringt Wanderern die junge Nahe näher. Die wilde Nahe, wie man sie treffender nennt, weil sie in den letzten Jahren teilweise renaturiert wurde. So wie in Weiersbach, wo man sehen kann, wie sich die Nahe über ihr breiteres Bett freut, das man ihr dort zwischen Wiesen und Wäldern neu aufgeschlagen hat. Ein grünes Refugium, in dem Vögel den Ton angeben, deren zwitscherndes Jubilieren über ihre neuen Lebensräume nicht zu überhören ist. Sichtbar grün freuen sich auch die Bäume in der Auenlandschaft, die von der Verlangsamung des Flusses und dem damit gestiegenen Grundwasserspiegel profitieren. Auch in Weiersbach, wo das Saarland auf Rheinland-Pfalz trifft, führt der Nahesteig auf groben Steinklötzen direkt durchs Wasser, quert man den Fluss wie im Abenteuerland. Normalerweise ist das kein Problem. Wenn doch, sind die passenden Umleitungsstrecken bei Hochwasser für alle Fälle schon längst ausgeschildert.

TIPP
Am Weg gibt es Picknick-Ausgabestellen mit regionalen Köstlichkeiten zum Mitnehmen auf Vorbestellung.

Rund 35 Kilometer ist der Nahesteig lang. Eine manchmal auch ein wenig anstrengende Wanderung, die man gut in mehreren Etappen absolvieren kann. Dabei helfen eine Handvoll Bahnhöfe, die direkt an der Strecke oder nur kurz entfernt liegen: Neubrücke, Hoppstädten, Heimbach, Nohen, Kronweiler und Idar-Oberstein. Stationen, die von Frankfurt und Saarbrücken aus auch direkt angefahren werden. Wiesen und Wälder begleiten den Wanderer unterwegs, dazu gewaltige Felsformationen. Und immer wieder die Nahe selbst, der man mal ganz nah ist oder sie aus weiten Höhen ihre Schleifen ziehen sieht. Meist sind es Pfade, auf denen man unterwegs ist und die an einigen Stellen auch Trittsicherheit verlangen. In den schwierigsten Passagen helfen Seile beim Auf- oder Abstieg. Große Teile des Weges liegen im Schatten unter Bäumen, die im Hochsommer angenehme Wegbegleiter sind. Und für alle, die mit ihren Vierbeinern unterwegs sind, bieten sich immer wieder kleine Wasserläufe oder die Nahe selbst als Hundetankstelle an.

- Nahesteig, Einstieg am Kammerhof, In der Kammer, 55743 Idar-Oberstein
  www.nahesteig.com
- ÖPNV: RB 33, Haltestelle Bahnhof Idar-Oberstein

Ein Hort der Gastlichkeit

17 Der Meisenheimer Hof in Meisenheim

Markus Pape ist Koch, kommt aus dem Sauerland und lernte von seiner Großmutter, deftige Erbsensuppe oder Pfannkuchen mit Äpfeln aus dem eigenen Garten zuzubereiten. Heute ist er Chef im Meisenheimer Hof, der ersten gastronomischen Adresse in Meisenheim. Seine Frischeküche ist hochgeschätzt, die Weinkarte eine der größten in der Region. Und fürs Übernachten stehen knapp zwei Dutzend Zimmer und Suiten zur Verfügung, die gleich auf mehrere angrenzende Häuser in der Altstadt verteilt sind, alle individuell eingerichtet.

Genau betrachtet ist der Meisenheimer Hof nämlich ein Ensemble aus mehreren Bauten, dessen zentrales Gebäude im barocken Stil aus dem Jahr 1699 stammt. „Als das Haus vor einem guten Jahrzehnt übernommen wurde, glich es einer Ruine. Aber es war sofort klar, wie es nach der Restaurierung ausschauen wird“, erzählt der Gastronom, der mit seinen Mit-Gesellschaftern seitdem auch andere Altstadtbauten in Meisenheim kulinarisch ausgestaltet hat. „Ich lege Wert auf hochwertige, saisonale Produkte von möglichst heimischen Erzeugern, bin offen für Rezepturen aus den Küchen dieser Welt und doch in der Tradition verwurzelt“, beschreibt Markus Pape seine Art zu kochen. Seine Kunst vermittelt er im „Kochhaus“, einem weiteren Altstadtbau, wo Gäste mit ihm oder anderen klugen Köpfen seiner Küchenmannschaft gemeinsam kochen können. Vom Anfänger bis zum ambitionierten Hobbykoch ist hier jeder willkommen.

Kein Wunder, dass sich Pape zu zwei Dritteln als Handwerker und nur zu einem Drittel als Künstler versteht, für den die Qualität des Produkts das Entscheidende ist. Serviert wird im Meisenheimer Hof im stilvollen Ambiente des barocken Haupthauses, wo gleich mehrere Gasträume, zum Teil mit jahrhundertealter Holztäfelung, zum Essen laden – oder im schattigen Innenhof unter einem großen Baum. Auf neuen Stühlen übrigens, die den Originalen aus dem frühen 19. Jahrhundert nachgebaut wurden, die Pape bei der Renovierung des Hofes noch im Gasthaus vorfand.

- Meisenheimer Hof, Obergasse 33, 55590 Meisenheim
  www.meisenheimer-hof.de
- ÖPNV: von Bad Sobernheim Bus 260, Haltestelle Lindenallee Meisenheim

Vlexx-ible an der Nahe

18 Unterwegs mit der Nahetalbahn

Fußfaule erleben die Nahe aus dem bequemen Zugabteil. Dann schrumpft die Welt zum Bilderbuch, das sich bei gutem Wetter in schönsten Farben zeigt. Tagsüber führt die Nahetalbahn gewöhnlich in gut 2 Stunden von Bingen nach Saarbrücken oder umgekehrt. Und da man in den Zügen auch ein Fahrrad mitnehmen darf, ist die Bahn nicht nur für Wanderer, sondern auch für Radler oft die bequemste Art, die Glücksorte an der Nahe zu entdecken.

Pläne, die Saar mit dem Mittelrhein per Schiene zu verbinden, gab es schon Mitte des 19. Jahrhunderts. Zu den ersten Abschnitten, die schließlich fertig wurden, gehörte die Verbindung zwischen Saarbrücken und Neunkirchen. Schwieriger war der Rest der Strecke, die nicht wie heute durch nur zwei Bundesländer (Saarland und Rheinland-Pfalz), sondern durch zahlreiche Herrschaften und Fürstentümer führte. So forderte etwa Oldenburg, die Schienen über Birkenfeld zu verlegen, Preußen bestand auf die Route am Fluss entlang. Erst 1857 konnte man sich auf eine endgültige Strecke einigen.

Wirtschaftlich rentierte sich die Nahebahn der vielen Tunnel- und Brückenbauten wegen nicht. Auch der Bau neuer Dämme am Fluss entlang ging ins Geld. Für Preußen aber war es ein Prestigeobjekt und damit ein Glücksfall für die Reisenden von heute, die von der inzwischen durchgängig zweigleisigen Route profitieren.

Die Nahetalbahn bedient die Nahestrecke mit dem Regionalexpress R3 täglich von Frankfurt über Mainz und Bad Kreuznach nach Saarbrücken. Auch zwischen Bingen und Bad Kreuznach verkehren mehrere Linien, die vor allem Wanderern helfen, ihre Ziele zügig zu erreichen – etwa den Nahesteig, der sich mit dem Zug in Tagesetappen erobern lässt.

Bedient wird die Strecke gewöhnlich von der Firma Vlexx. Die Panoramafenster ihrer Züge erlauben abwechslungsreiche Blicke in die Landschaft: auf Felsen, Wiesen und Wälder, Dörfer und Städte – und immer wieder auf die Nahe. Die Reise mit dem Zug wird so zum Blättern in einem Bilderbuch, für eine Zeit lang zum Glücksmoment.

● Nahetalbahn von Bingen (Rhein) Hauptbahnhof, Bingerbrücker Straße 1, 55411 Bingen
www.vlexx.de oder www.bahn.de

22
0
620 903

Unterwegs mit Ailo und Ronja

19 Die Rentieralm in Niederhausen an der Nahe

Zu Hause sind sie eigentlich im hohen Norden, doch mittlerweile haben sie sich auch an der Nahe längst eingelebt: Rentiere mit Namen wie Finn, Edda, Ailo oder Ronja. In Niederhausen, wo eine Staumauer den Fluss zum See macht, leben sie hoch oben auf ihrer eigenen Alm. Wer Glück hat, trifft die Vierbeiner bei einem ihrer täglichen Rundgänge in den Weinbergen oder im Wald. Während der Winterzeit sind die Rentiere aus Niederhausen zudem auf Weihnachtsmärkten unterwegs, um zusammen mit dem Weihnachtsmann für magisch-weihnachtliche Stimmung zu sorgen.

Wer die Rentiere von der Nahe näher kennenlernen will, kann mit ihnen auf Wanderung gehen: 2 bis 2,5 Stunden durch Wald, Wiesen und Weinberge. Mit ihrem langen, dichten Winterfell und ihrem samtigen Sommerfell sind sie für jede Wetterlage gewappnet. Bei Temperaturen über 25 Grad gibt es jedoch auch an der Nahe hitzefrei für Mensch und Tier.

TIPP

Verbinden lässt sich die Rentiertour mit dem Weineinkauf bei einem der Winzer in der Umgebung.

Einen guten Meter sind die Vierbeiner gewöhnlich groß, öfter noch mehr. Und da Rentiere – früher nannte man sie ja gern auch Renntiere – auch mal schneller unterwegs sein wollen, sind die Wanderungen für kleine Kinder wenig geeignet. Für Kinder ab 8 Jahren aber sind auf den Touren immer ein paar Plätze eigens für die Jüngsten reserviert.

Für alle, die mehr wissen wollen: Rentiere sind mit den Hirschen verwandt, im Gegensatz zu diesen aber tragen auch die Rentierweibchen ein Geweih. Gewöhnlich werden die Geweihe Anfang des Jahres abgeworfen, sodass man die Almbewohner bis ins Frühjahr auch „oben ohne“ oder mit nur einem Geweih antrifft. Ab Mai wechseln sie zudem vom Winter- zum Sommerfell, sodass die Rentiere schon mal weniger elegant gekleidet auf Tour gehen. Im Anschluss an die Wanderung mit den Rentieren trifft man sich gewöhnlich zum Picknick auf der Rentieralm, wo jeder Teilnehmer schließlich seinen „Rentierführerschein“ erhält.

- Rentieralm Niederhausen, Kirchgasse 15, 55585 Niederhausen, Tel. (01 71) 8 24 45 83, www.rentieralm.de
- ÖPNV: von Bad Kreuznach Bus 253, Haltestelle Zum Nahetal

Die Fülle genießen

20 Die Nahe-Vinothek in Bad Kreuznach

Davon träumen Weintrinker: ein halbes Hundert Weine im offenen Ausschank, zweimal so viel im Flaschenverkauf. In Bad Kreuznach ist der Dienheimer Hof mit seinem großen Innenhof die erste Adresse für alle Freunde des Naheweins. Von Ehrenpreisen und Auszeichnungen verwöhnte Prädikatswinzer offerieren hier ihre Erzeugnisse neben Produkten engagierter und experimentierfreudiger Jungwinzer.

Inmitten der Altstadt ist die Nahe-Vinothek längst zum „Place to be" geworden, der vielen Weinliebhabern die Fahrt zu den Winzern an Nahe, Glan und Alsenz erspart. Schließlich bieten sie ihre Weine hier zu den gleichen Preisen wie in ihren eigenen Gutshöfen an. Da bleibt allerdings immer noch die Qual der Wahl! Denn auch wenn die Nahe zu den kleinsten deutschen Anbaugebieten gehört, die Vielfalt ihrer Weine ist bestechend. Von Löss und Lehm bis Sand und Schiefer, angeblich sind es schon die 180 verschiedenen Böden, die hier jedem Tropfen ein eigenes Aroma verleihen. Ein Fest für die Geschmacksnerven!

Das Nahe-Weinland ist erst seit 1971 ein eigenständiges Weinanbaugebiet. Traditionell sind drei Viertel aller Naheweine weiße Weine. Riesling, Müller-Thurgau und Grauburgunder, zu denen sich immer häufiger auch Sorten wie Sauvignon-Blanc und andere gesellen. Der Rest sind Rote wie Dornfelder, Spätburgunder, Regent oder Portugieser, die gewöhnlich an der unteren Nahe zwischen Bingen und Bad Kreuznach gedeihen. Viele Weine wachsen auf Hügeln, die besten in sonnigen Steillagen, wo jeder Schritt Handarbeit ist und die Weine deshalb ihren Preis haben. Weil Pfälzer Bergland und Hunsrück meist für kühle Winde und gelegentlich auch Regen sorgen, reifen die Trauben an der Nahe und ihren Nebenflüssen später als anderswo. Das kommt gewöhnlich Säure und Aroma zugute, wie Besucher der Nahe-Vinothek selbst herausfinden können. In kleinen und größeren Mengen werden Weine und Sekte dort ausgeschenkt. Den Hunger zwischendurch vertreibt frisches Brot, zu dem Tapas oder Spundekäs gereicht werden – oder auch Flammkuchen, einer der Bestseller.

● Nahe.Wein.Vinothek (Dienheimer Hof), Mannheimer Straße 6, 55545 Bad Kreuznach, Tel. (06 71) 92 00 56 45, www.nahe-vinothek.de

● ÖPNV: von Bad Kreuznach Bus 203, Haltestelle Holzmarkt

Blumen am Kirchenhimmel

21 Die Kräuterkirche in Bingen-Gaulsheim

Eine barocke Haube krönt den romanischen Turm der neugotischen Kirche in Bingen-Gaulsheim. Viele 100 Jahre Geschichte sind hier unter einem Dach vereint. Und das Dach hat es in sich: Schließlich blühen hier die Blumen an der Decke, was inzwischen Besucher von weit her lockt. Genauer gesagt blühen sie an der Kirchendecke, wo sich ein halbes Hundert Pflanzen und Heilkräuter entdecken lassen, die jahrhundertelang Speisezettel und Hausapotheken bereicherten.
Dass Kräuter heilen und das Leben verschönern, war auch Gaulsheims Pfarrer bekannt, der Ende der 1970er-Jahre die Kirchendecke mit Bildern bekannter Heilkräuter ausmalen ließ. Mit der Schafgarbe etwa, die sich dort neben Löwenmaul und Rainfarn findet. „Bauchwehkraut" nannte sie der Volksmund, weil sie bei Verdauungsbeschwerden half. Auch die Goldrute (Goldraute) in der hintersten Ecke der Kräuterkirche ist in Form harntreibender Tees noch immer ein beliebtes Naturheilmittel. Die Wegwarte nebenan, die blau blüht und mehr als 1 Meter hoch werden kann, diente früher gern als Kaffeeersatz. Heute vertrauen ihr Naturheilkundler bei Erkrankungen der Milz, Leber oder Galle. Bei Durchfall und Hauterkrankungen, vor allem aber zur Stillung des Blutflusses war der Blutweiderich gefragt, der sich in Gaulsheim gleich neben dem Tausendgüldenkraut findet, das heute unter Naturschutz steht und nicht mehr gepflückt werden darf.

TIPP

Zu Mariä Himmelfahrt werden sogenannte Würzwisch geweiht, große Sträuße aus Kräutern und Blumen.

Die meisten der Pflanzen an der Kirchendecke hatte schon die Heilige Hildegard zur Linderung von Schmerzen oder als Küchenhelfer empfohlen. So kam in ihrem Binger Kloster gern der Liebstöckel zum Einsatz, im Volksmund noch heute als Maggikraut bekannt. Mit Mehl, Fenchel und Brennnessel verbacken, tischte ihn Hildegard als Brot bei Magenbeschwerden auf. Getrocknete Blüten des Klatschmohns dienten mit Wasser aufgekocht der Entspannung – ganz so wie Kamille oder Baldrian, die es ebenfalls in der Kräuterkirche zu entdecken gilt.

- Pfarrkirche Sankt Pankratius und Sankt Bonifatius, Mainzer Straße 391, 55411 Bingen-Gaulsheim
- ÖPNV: von Bingen RB 26, Haltestelle Gaulsheim

Wo die Kelten hausten

22 Die Keltensiedlung Altburg in Bundenbach

Wer wissen will, wie die ersten Siedler entlang der Nahe und in ihrem Hinterland lebten, ist in Bundenbach an der richtigen Adresse, gut 15 Kilometer nordwestlich vom Nahestädtchen Kirn. Dort nämlich lag auf einem Bergsporn über der Schleife des Hahnenbaches eine keltische Festung, die in den 1970er-Jahren ausgegraben und seitdem wissenschaftlich gründlich untersucht wurde. Heute ist die Altburg eine der am besten erforschten Keltensiedlungen auf deutschem Boden.

Die Kleinburg, meist castellum genannt, nutzten vom 3. bis 1. Jahrhundert vor Christus Kelten vom Stamm der Treverer, die sich später vor allem an der Mosel heftige Auseinandersetzungen mit den Römern lieferten. Heute ist es hingegen ein friedlicher Ort, an dem Besucher der Geschichte nachspüren können. So erzählen Reste der dicken Mauer aus Stützbalken und Steinen davon, wie einst die Burgbewohner ihre Siedlung von der Bergseite her abgeriegelt hatten. Auch die anderen Seiten waren von Wänden begrenzt. Mindestens dreimal, so ergaben die umfangreichen Forschungen, wurde die Anlage nach verheerenden Bränden wieder aufgebaut – zuletzt im Jahr 78 vor Christus, 2 Jahrzehnte, bevor Cäsar mit seinen Truppen die Region einnahm.

Inzwischen wurden sechs Wohnhäuser, fünf Wirtschaftsgebäude und ein Felsenkeller möglichst authentisch rekonstruiert. So entstand ein bauliches Ensemble, in dem der Heimatverein Bundenbach das einstige Lebensgefühl mit vielerlei Aktionen neu erwecken will – besonders am dritten August-Wochenende, wenn keltische Klänge beim Altburg-Festival Musikfreunde von überall herlocken. Dann wird das Leben von damals auf einmal mit allen Sinnen erlebbar, wenn keltische Klänge in die Beine gehen und das Volk zu tanzen anfängt – wie jedes Jahr beflügelt vom Guiness aus dem Fass.

TIPP

Die Altburg steht im Sommer täglich offen und kann mit oder ohne Führung besichtigt werden.

- Keltensiedlung Altburg, 55626 Bundenbach, Tel. (0 65 44) 92 72 www.sgoerner.de/bundenbach/keltensiedlung.html
- ÖPNV: von Kirn Bus 352, Haltestelle Bundenbach

Heilende Erde

23 Felkekuren in Bad Sobernheim

Zu den ersten Gesundheitsadressen in Bad Sobernheim zählt das BollAnts Spa im Park. Ein gehobenes Hotel, zu dessen Angeboten die sogenannte Felkekur zählt. Sie soll die Selbstheilungskräfte des Körpers aktivieren – mit gesunder Kost, viel Bewegung im Freien, speziellen Bädern und der Behandlung mit heilender Erde. Dieses Konzept hatte Emanuel Felke perfektioniert, ein studierter Theologe, der die Menschen auch gern homöopathisch behandelte. Anfang letzten Jahrhunderts befreite er mit einer Lehmkur den Gründer des heutigen Hotels von seiner Neurodermitis. Zum Dank veränderte der seinen Lebensstil und baute eine Kurklinik, in der Felke wirken konnte und aus der sich schließlich das heutige Spa entwickelte.

Vier Generationen später setzt man in Bad Sobernheim noch immer auf die Kraft der heilenden Erde: auf naturreinen Lösslehm. Oberflächennah aus einer Lehmgrube der Stadt Bad Sobernheim gegraben, wird er mit Brunnenwasser geschmeidig gemacht und auf die Haut aufgetragen. Für die Lehmkuren hat man eigens einen Garten angelegt, in dem man seine Lehmbäder im Freien oder in einem wettergeschützten Pavillon genießen kann. Sie sind vor allem für Menschen mit Gelenk- und Rückenproblemen gedacht, sorgt doch die Erde für eine angeregte Durchblutung. Außerdem sagt man dem auf der Haut trocknenden Lehm entgiftende Wirkung nach.

Neben traditionellen Heilschlammbädern oder der Ganzkörper-Heilerdeanwendung im Dampfbad empfehlen sich Lehmtretbäder, bei denen man bis unterhalb der Kniegelenke in die Schlammmasse eintaucht, oder Lehmhandbäder. „Entzündliche Prozesse in den Gelenken und Beschwerden wie Arthritis oder Arthrose“, weiß Dr. Axel Bolland, Mediziner und Verfechter der Felkekur, „lassen sich mit Lehmkuren bestens behandeln. Zudem versorgt trocknende Heilerde die Haut besser mit Mineralstoffen und Spurenelementen, die auch gegen Akne gut wirken.“ Wer kaltes Wasser nicht scheut, reinigt seinen Körper nach dem Lehmbad in der Sitzreibebadewanne oder traditionell in der Nahe.

- BollAnts Spa im Park, Felkestraße 100, 55566 Bad Sobernheim
www.bollants.de
- ÖPNV: RB 33, Haltestelle Bahnhof Bad Sobernheim

Verkehrte Welt

24

„Das Haus steht Kopf" am Bostalsee

Wer einmal auf dem Uferweg um den Bostalsee schlendert, traut zuerst seinen Augen nicht: Unweit des Center Parks direkt am Bostalsee steht ein Haus auf dem Kopf. Das Dach ist im Boden verankert, die Fundamente ragen in den Himmel. Nur die Außentreppe führt Besucher aufwärts, allerdings nicht ins Erdgeschoss, sondern genau betrachtet auf den Dachboden. Und aus der gewohnten Rolle fallen auch das Fahrrad samt Gießkanne, die statt auf dem Boden zu stehen, am Fundament klebend nach unten streben. Sie alle sind Teil einer verkehrten Welt, die Handwerker effektvoll inszeniert haben – so wie im Obergeschoss, aus dessen Fenstern einem der Bostalsee zu Füßen liegt, Sessel und Tisch allerdings an der Decke hängen.

In verkehrter Reihenfolge wurde auch das Haus errichtet. So pflanzten die Bauleute zuerst das Dach auf den Boden und zuletzt obenauf das Fundament. Auch die Inneneinrichter waren gefordert, mussten Möbel wie Stühle, Schränke, Tische und Bett, aber auch Dusche und Toilette doch umgekehrt aufgestellt, das heißt an die Decke montiert werden.

Über den Köpfen der Besucher entstand so die Neuordnung ihrer vertrauten Welt. Ein Paradies der Illusion, das per Smartphone perfektioniert werden kann, wenn man die Bildaufnahmen direkt vor Ort um 180 Grad dreht. Dann entstehen wieder ganz neue Effekte. So erscheint jemand, der auf dem Boden entlang krabbelt nach der Drehung als eine Art Spiderman an der Zimmerdecke. Allerdings sollte man daran denken, dass man auf den so gemachten Bildern immer auf dem Kopf steht. Zöpfe, offene Haare, Umhängetaschen und Schals verraten dann schnell, wie man beim Fotografieren getrickst hat. Das in seiner Längs- und Querachse leicht geneigte Haus stellt für seine Besucher übrigens auch einige Anforderungen an den Gleichgewichtssinn. Da fühlt sich mancher eher auf einem Schiffsausflug als bei einer Hausbesichtigung!

TIPP

Empfehlenswert ist der Rundweg um den See. www.urlaub.saarland

● Das Haus steht Kopf, Lindenallee 1, 66625 Nohfelden
www.das-haus-steht-kopf.de

● ÖPNV: RE 3, Haltestelle Türkismühle, dann Bus R11, Haltestelle Center Parcs Bostalsee

Steinerne Magie

25 Steinskulpturenmuseum Ebernburg

Steinen sagt man oft nach, sie seien kalt und leblos. Besonders den ganz großen! Wie lebendig und vielgestaltig sie stattdessen sein können, wird in Ebernburg bewiesen, wo Steinskulpturenmuseum und Steinskulpturenpark zu Hause sind. Die Skulpturen des weitgereisten Bildhauer-Ehepaars Kubach-Wilmsen zeugen von der Wärme, dem Farben- und Formenreichtum und der eindrucksvollen Eleganz, die der Mensch Steinen mit ihrer Bearbeitung verleihen kann.
Steine gehören zu den ältesten Zeugen der Erdgeschichte, entstanden sie doch zu Zeiten, als es noch keine Menschen gab. Für das Bildhauerpaar Kubach-Wilmsen, deren Tochter mit ihrem Partner heute ihre Arbeit fortführt, waren sie „Reliquien der Evolution“, die sie neu zu Bildnissen der Kulturgeschichte formten. Zu großen Kunstwerken, die im einzigartigen Steinskulpturenmuseum ihren Platz gefunden haben. Einzigartig ist auch der Museumsbau, geplant vom bekannten japanischen Architekten Tadao Ando, einem umweltbewussten Minimalisten, der nie Architektur studiert hat und trotzdem als einer der einflussreichsten Architekten der Welt gilt. Eine historische Fachwerkscheune, eine Fassade komplett mit Licht statt Lehm ausgefacht, gesäumt von zwei Sichtbetonhöfen mit Wasserspiel, so schuf Ando unweit der Nahe einen ganz neuen, fast sakral wirkenden Kraftort. Einen Hort der Gegenwartskunst, in dem sich Vergangenheit und Zukunft in mehr als einem halben Hundert Steinskulpturen vereinen.
Nicht minder beeindruckend ist der benachbarte Steinskulpturenpark in einem aufgelassenen Weinberg. Auch dort fügt sich moderne Kunst in eine alte und jederzeit frei zugängliche Kulturlandschaft. Künstlerisch bearbeitete Steine aus allen fünf Kontinenten fügen sich hier zu einem harmonischen Ganzen, das Diversität ebenso spiegelt wie Globalität, die Markenzeichen der Moderne. Nirgends an der Nahe sonst zeigt die Kunst ein so aktuelles und doch zeitloses Gesicht!

- Fondation Kubach-Wilmsen, Heilquelle 1, 55583 Bad Münster-Ebernburg
www.fondation-kubach-wilmsen.de
- ÖPNV: von Bad Münster Bus 201, Haltestelle Ebernburg Schule, rund 15 Minuten Fußweg

Göttlich schlemmen

26 Die Benediktinerabtei in Tholey

Die Benediktinerabtei Tholey gilt als das älteste Kloster Deutschlands. Eines, das in den letzten Jahren zu neuer Blüte fand. Das liegt an den neuen Kirchenfenstern in der Klosterkirche, die kein Geringerer als Gerhard Richter schuf, einer der angesehensten deutschen Maler und Bildhauer. Mit der Gestaltung der Fenster beschloss er vor gut 2 Jahren sein künstlerisches Lebenswerk.
Neben den Fenstern aber ist es die Küche des Klosters, die immer mehr Besucher anzieht. Im Gästehaus gibt Alain Choriol, der Abt des Klosters, den Ton an. Der gebürtige Elsässer war Koch in einer Sterneküche, ehe er sich für das Leben als Mönch entschied. „Da hört man die Stimme Gottes deutlicher", wie er erzählt. In Tholey holte er sein Abitur nach und rettete schließlich als Manager das Gästehaus der Abtei vor dem Niedergang. Heute stehen in seiner Vinothek Spitzenweine aus Klosterlagen in ganz Deutschland und verkauft der Klosterladen regionale Spezialitäten, darunter auch Honig aus eigener Imkerei.
Vor allem aber ist es Choriols Handschrift, welche die Küche des Gästehauses neben dem Kloster prägt. Kräuter aus den Klostergärten geben ihr den letzten Pfiff. Choriol kennt die moderne Molekularküche ebenso wie uralte Hausrezepte – und die sinnstiftende Kraft des Kochens. „Wer zu uns kommt, soll gut essen und vielleicht Gott begegnen, gerne auch zwischen den Kochtöpfen", sagt er. Ob Quark mit Kräutern oder Hummer, für den Abt ist Kochen Handwerk und Kunst zugleich: „Man braucht Begeisterung für die Produkte, die uns die Schöpfung Gottes zur Verfügung stellt. Dazu die Fantasie, diese Produkte zu verarbeiten – und Lust, am Herd zu stehen, wenn andere frei haben." Genuss und Askese sind für den Benediktiner, der schon als Kind dem kochenden Papa an der Schürze hing, kein Gegensatz. „Entsagung heißt ja nicht, auf gute und gesunde Ernährung zu verzichten. Auch als Mönch kann man Freude am Essen und Trinken haben!"

- Benediktinerabtei Sankt Mauritius, Im Kloster 11, 66636 Tholey
www.abtei-tholey.de
- ÖPNV: von Sankt Wendel Bus R4, Haltestelle Tholey Rathausplatz

Liebesfrüchte von der Nahe

27 Die Pauluskirche in Kreuznach

Die Pauluskirche liegt nicht nur mitten in Kreuznach, sondern quasi mitten in der Nahe, liegt sie doch auf einer Insel, die zu beiden Seiten von Nahearmen umflossen wird. Eine besondere Auszeit vom Alltag erleben Besucher der Kirche aber auch deshalb, weil sie einen mitten in die Geschichte hineinkatapultiert: Ihr Kirchenbuch registriert am 19. Juni 1843 die kirchliche Trauung von Julie Jenny von Westphalen, 29 Jahre, mit Karl Marx, 25 Jahre. Jenem gesellschaftlichen Vordenker, der mit seinem Freund Friedrich Engels später den vielleicht spektakulärsten Plan zur Umgestaltung der Gesellschaft vorlegen sollte.
Privat war zumindest die Frau des in Trier geborenen Philosophen und Revolutionärs Marx eher romantisch eingestellt. Nach 7 Jahren Verlobung wollte er, wie es die biedermeierliche Gesellschaft damals verlangte und seine Frau erhoffte, seine Jenny endlich ehelichen, die Ende 1842 mit ihrer Familie von der Mosel an die Nahe übergesiedelt war. Im Schatten der Pauluskirche schmiedeten beide Heiratspläne. „Gehst Du von den Blumen nicht ab, so nimm sie in Rosa, das passt am besten zu meinem grünen Kleid. Doch lieber wär' mir's Du ließest das ganze Geschäft. Gelt, Herz, es ist besser. Du tust das erst, wenn Du mein rechtskräftig, altarwürdig Ehmännchen bist", schrieb sie ihm nach einem der Gespräche. Vergeblich hatte Marx versucht, sich zur Finanzierung der Hochzeit sein Erbe auszahlen zu lassen, was zum Bruch mit seiner Familie führte. Weil die trotzig der Vermählung fernblieb, wurde nur im kleinsten Kreis gefeiert. Anschließend ging es auf Hochzeitsreise ins benachbarte Ebernburg, dann weiter nach Baden-Baden. Zurück in Kreuznach durchforstete Marx in der Lehrerbibliothek des Kreuznacher Gymnasiums Hunderte von Büchern, deren Erkenntnisse in das mit Engels veröffentlichte „Kommunistische Manifest" flossen. So war er gerade in Arbeit vertieft, als Jenny ihm eröffnete, dass sie schwanger sei. Die unbeschwerten Stunden der beiden an der Nahe trugen Früchte. Im Mai 1844 brachte Jenny in Paris, wo das frisch getraute Paar seinen Neuanfang suchte, das erste von sieben Kindern auf die Welt, von denen nur drei das Erwachsenenalter erreichten.

- Evangelische Pauluskirche Kreuznach, Kurhausstraße 2, 55545 Bad Kreuznach
www.kreuznach.ekir.de
- ÖPNV: von Mainz oder Saarbrücken RE 3, Haltestelle Bad Kreuznach, rund 15 Minuten Fußweg

Frei schwebend

28

Der Nahe-Skywalk in Sankt Johannisberg

Skywalk. Das klingt utopisch, als ob man in den Himmel hinaufwandern könnte. Natürlich glaubt das heute keiner mehr, aber Skywalk klingt halt besser als stählerne Aussichtsplattform. Und weil Skywalks inzwischen weltweit touristische Ausrufezeichen setzen, vom amerikanischen Grand Canyon bis ins thailändische Bangkok, gönnt sich auch die Naheregion einen weit auskragenden Balkon aus Stahl und Glas rund 100 Meter über dem Fluss. 7 Meter ragt er über die Klippe eines ehemaligen Steinbruchs – nur ein paar Meter neben der Stiftskirche Sankt Johannisberg im gleichnamigen Ortsteil von Hochstetten-Dhaun. Seit Jahrhunderten thront das Gotteshaus auf dem Berg, das einst von vielen Grabstätten umgeben war. Vom Parkplatz am Ortseingang, wo auch der Bus nach Johannisberg hält, führt ein gut 10-minütiger Fußweg zum Skywalk, vorbei an ein paar älteren Häusern und einer Gaststätte.

„Schier senkrecht unter uns die Chaussee, danach der Fluss, malerische Wegränder, waldreiche Berghänge", beschrieb ein holländischer Geistlicher 1847 die einmalige Aussicht von dort, wo heute der Skywalk ins tiefe Tal ragt. „Unsere Erwartung wurde durch all dies weit übertroffen." So beeindruckend ist die Sicht auch heute noch, auch wenn aus der Chaussee eine viel befahrene Bundesstraße geworden ist, zu der sich längst auch eine Eisenbahnstrecke gesellt hat. Dazwischen fließt die Nahe Richtung Rhein, meist ganz gemächlich, denn Wasser hat sie oft nur wenig. Manchmal aber tritt sie über die Ufer, rückt Schiene und Straße näher. Beim Jahrhunderthochwasser 1995 schluckte sie die Trassen fast ganz. Hätte es den Skywalk schon damals gegeben, es wäre die ideale Bühne für alle Live-Reporter gewesen. Lange hätten sie ihre Zelte dort übrigens nicht aufschlagen müssen. Anders als an den meisten anderen Flüssen nämlich kommt das Hochwasser an der Nahe oft ganz schnell – so wie es zum Glück auch wieder verschwindet.

TIPP

In Sichtweite des Skywalks liegt die sehenswerte Stiftskirche Johannisberg.

- Nahe-Skywalk, Sankt Johannisberg 13, 55606 Hochstetten-Dhaun
- ÖPNV: von Hochstetten-Dhaun Bus 279 (Rufbus), Haltestelle Johannisberg

Lederne Lebensbegleiter

29 Die Lederwerkstatt in Merxheim

Von ihren Eltern hat sie das Handwerk gelernt. Und vom Opa, der einst mit im Betrieb gearbeitet hat, gab's die besten Tipps, wie man mit Leder umgeht. Und weil ihre fünf Geschwister für die Arbeit mit gegerbter Rindshaut wenig übrighatten, ist Ute Schmelzer heute Chefin der Lederwerkstatt in der Gänsmühle. Am Ortsrand von Merxheim, auf halbem Weg zwischen Bad Kreuznach und Idar-Oberstein, ist sie zu Hause. Direkt an der Nahe, wo eine Turbine Wasserkraft in Strom verwandelt und so die Maschinen in der Werkstatt antreibt. Mit deren Hilfe entstehen in sorgfältiger und routinierter Handarbeit Taschen in allen Farben und Größen, Rucksäcke, Schlüsselmäppchen, Schreibunterlagen, Geldbörsen, Kollegmappen, Gürtel oder Schulranzen. Produkte, die – so sagt die Firmenchefin – bei guter Pflege fast unverwüstlich sind und zum Begleiter fürs ganze Leben werden können.

Verkauft wird im kleinen Werkstattladen an der Nahe, wo man Ute Schmelzer bei der Arbeit auch gern über die Schulter schauen kann – und mindestens einmal monatlich auf Kunst- und Künstlermärkten in ganz Deutschland, wo sie zwischen Frühjahr und Advent mit ihren Handarbeiten Station macht.

In allen Farben stapelt sich das mit rein pflanzlichen Stoffen gefärbte Leder in der Werkstatt, vom satten Orange bis zum eleganten Königsblau, vom tiefen Schwarz bis zum natürlichen Gelb-Braun. Schwermetalle, Formaldehyd oder organische Lösungsmittel sind in Schmelzers Lederwerkstatt tabu, was der Langlebigkeit ihrer Kreationen zugutekommt. Etwa den Schulranzen, die sie mit kleinen Applikationen versieht, die sich die Kinder selbst aussuchen können. Denn besonders gern erfüllt die Firmenchefin Kundenwünsche. So können sich Motorradfahrer und Reiter ihre Satteltaschen in Merxheim ebenso auf Maß fertigen lassen wie Musiker die für ihre Instrumente passenden Behältnisse.

- Die Lederwerkstatt, Gänsmühle, 55627 Merxheim, Tel. (0 67 54) 2 52
www.dielederwerkstatt.de
- ÖPNV: von Bad Sobernheim, Bus 285, Haltestelle Merxheim

APPALOOSA

Fast wie ein Bergsee

30 Naturerlebnisbad Bingerbrück

Es gibt Schwimmbäder, die punkten mit großen Rutschbahnen, Wellenmachern, gewaltigen Sprungtürmen oder sonstigem Schnickschnack für Abenteuerlustige. Es gibt aber auch Bäder, die glänzen mit natürlicher Einfachheit. So eines ist das Naturerlebnisbad in Bingerbrück. Hoch über der Stadt liegt es mitten im Grünen in nostalgischem Ambiente. Statt vieler Becken gibt es einen rund 2000 Quadratmeter großen Schwimmteich, den Kieselbeete und Holzstege rahmen. Und statt Sprungtürmen gibt es Felsnachbauten, von denen man ins kühle Nass springen kann. Jeder wie er will – Kopfsprung oder „Arschbombe“ macht da nur stilistisch einen Unterschied!
Liegewiesen finden sich genug, sodass Freiluftfanatiker und Sonnenanbeter auf nichts verzichten müssen. Und den kleinen Hunger zwischendurch stillt ein Café, von dem man einen schönen Blick auf Bingen und Richtung Rheingau hat. Dann liegt einem nicht nur der Rhein, sondern auch die Nahe zu Füßen, die weit unten im Tal auf ihren letzten Metern zur Mündung ist.
Anders als andere Schwimmbäder, die mit viel Chlor schädliche Bakterien chemisch bekämpfen, wird das Wasser im Naturerlebnisbad biologisch aufbereitet. Sogenannte Neptunfilter im Uferbereich des großen Teiches setzen auf die natürliche Selbstreinigungskraft mithilfe von Mikroorganismen und wälzen circa 5000 Kubikmeter Wasser mehrfach am Tag um. Kleinste Partikel wie Algen und andere Trübstoffe werden dem Wasser so entzogen. Weil die Strömungsgeschwindigkeit in den Pflanzenfilter aber sehr langsam ist, werden die für das biologische Gleichgewicht im Wasser besonders wichtigen, meist nur wenige Millimeter großen Kleinstlebewesen, das Zooplankton, geschont. Klar und sauber bleibt so das Wasser – und je nach Himmelsfarbe schillert es blau oder türkis, fast wie ein echter Bergsee!

- Naturerlebnisbad Bingen, Wilhelm-Beumer-Weg, 55411 Bingen-Bingerbrück
  www.bingen.de
- ÖPNV: von Bingen Bus 606, Haltestelle Wilhelm-Beumer-Weg (Bingerbrück)

Was trennt, verbindet auch

31 Die Luitpoldbrücke in Oberhausen an der Nahe

Brücken verbinden. Nicht nur das eine mit dem anderen Ufer, sondern auch die Menschen, die an ihren Ufern zu Hause sind. Das macht sie zu Glücksorten wie in Oberhausen. Die Brücke hier gehört zu den meistfotografierten Orten entlang der Nahe, was in erster Linie an ihrer Geschichte liegt. Schließlich trennte sie einmal Bayern von Preußen. Zwei mächtige deutsche Staaten, katholisch geprägt der eine, protestantisch der andere.

Jahrhundertelang querten die Menschen die Nahe hier per Fähre, die bis 1816 rund 300 Meter unterhalb der heutigen Brücke in Betrieb war. Mit ihrer Einstellung aber wurde das bayrische Oberhausen vom anderen Ufer abgeschnitten, konnten die Winzer ihre Weine nur noch mit großen Mehrkosten in Preußen verkaufen. Gut, dass Bayern mithilfe staatlicher Lotteriegelder letztlich den Bau einer Brücke über die Nahe förderte. 1889 war so ein fester Übergang mit sechs Bögen aus großen Sandsteinquadern entstanden. Ein fast 100 Meter langer Prachtbau und damals der ganze Stolz der Oberhausener. Dankbar nannten sie ihn nach dem damaligen bayrischen Prinzregenten Luitpoldbrücke. An ihn erinnert bis heute auch ein Gedenkstein an der Brüstung des Nahe-Übergangs.

Zwei Weltkriege, Eisgänge und Hochwasser hat die Brücke seitdem überstanden, die immer wieder sorgsam restauriert wurde. Zu Preisen, die den Kostenvoranschlag von einst knapp 60.000 Mark für den Brückenbau manchmal mehrfach überstiegen.

Grenzübergang ist die Brücke längst nicht mehr, wurden die einst preußischen und bayrischen Ufer doch im nach dem Zweiten Weltkrieg neu geschaffenen Bundesland Rheinland-Pfalz vereint. Wanderer und Radler, welche die Luitpoldbrücke auf ihren Rundwegen und Touren heute häufig queren, haben sie ins Herz geschlossen. Aber auch immer mehr Autofahrer, die ihr in den letzten Jahren arg zugesetzt haben. Die nächste Generalsanierung ist also nur noch eine Frage der Zeit!

- Luitpoldbrücke, 55585 Oberhausen an der Nahe
www.oberhausen-nahe.de
- ÖPNV: von Bad Kreuznach Bus 253, Haltestelle Oberhausen an der Nahe Gemeindehaus (werktags)

Ein kleines Wunderwerk

32

Die Historische Ölmühle in Sankt Julian

Von der Nahe an den Glan ist es oft gar nicht so weit. Schließlich ist es ihr kräftigster Nebenfluss, dessen Wasser auch die Ölmühle in Sankt Julian noch immer nutzt. Sie ist eine Museumsmühle mit großer Vergangenheit, wie man sie sonst kaum noch in Europa findet. Schließlich ist das Wunderwerk der Technik aus dem frühen 18. Jahrhundert noch immer betriebsbereit. So treibt das Mühlrad vor dem Haus einen tonnenschweren Mahlstein im Inneren, der die Samen von Raps oder anderen Früchten zu Brei zerreibt, der anschließend in Leinensäckchen gefüllt wird. Die kommen dann unter die Stempelpresse, einen aus einem einzigen Baumstamm geformten Holzblock, der wuchtig auf die Säckchen einschlägt und so lautstark Öl presst. Holzpresse samt Stempelwerk stehen längst unter Denkmalschutz, ebenso der alte Schälgang im Nebenraum der Ölmühle, in dem man früher Getreide zu Weißmehl verarbeitete. Auch das ist eine in Deutschland einzigartige Anlage!

In Sankt Julian, dem kleinen Dorf zwischen Kusel und Meisenheim, hat das Müllerhandwerk eine jahrhundertelange Tradition. Schon im Mittelalter trieb der Glan hier manches Mühlrad. Eines diente zur Verarbeitung von Walnüssen, aus denen man hochwertiges Öl gewann. Später machte man auch Raps, Mohn und Leinsamen zu Öl. Die Mühle liegt wie die meisten Mühlen etwas außerhalb des Dorfes Richtung Friedhof, etwas einsam neben einem landwirtschaftlichen Gehöft. Nicht zu übersehen ist das riesige Mühlrad an der Seitenfront, ein stattlicher Energielieferant.

Dass die Mühle ein Glücksort ist, liegt an den Gemeindearbeitern in Sankt Julian, die das Kleinod der Handwerksgeschichte und ganzer Stolz der Gemeinde gut in Schuss halten und ihm vor einigen Jahren auch ein neues Wasserrad verpassten. Sie auch sorgen dafür, dass das Prunkstück fast jederzeit besichtigt werden kann. Unter der Woche öffnen sie Besuchern nach Anruf gewöhnlich innerhalb weniger als einer halben Stunde die Tür. Für Stippvisiten am Wochenende sollte man sich allerdings viel früher anmelden.

TIPP

Besichtigungstermine vereinbart man am besten ganzjährig unter Tel. (01 71) 2 63 90 76.

- Mühlenmuseum, Mühlstraße 8, 66887 Sankt Julian
- ÖPNV: von Lauterecken Bus 270, Haltestelle Sankt Julian; Ölmühle vom Ortskern aus über eine alte Glan-Brücke zu erreichen

Frei wie ein Vogel

33

Paragleiten auf dem Sponheimer Berg

Über den Wolken, wissen wir spätestens seit Reinhard Meys elegischer Hymne aufs Fliegen, muss die Freiheit wohl grenzenlos sein. Am besten spüren das die Paragleiter, die sich von ihren bunten Schirmen in die Lüfte tragen lassen. Den Vögeln gleich kreisen sie oft stundenlang am Himmel. So wie am Sponsheimer Berg in Laubenheim östlich von Dorsheim, wo sie an schönen Tagen bunte Tupfer an den Himmel setzen. Während sie die Welt einmal aus einer Perspektive betrachten, die allen Generationen vor ihnen gewöhnlich versagt war. Wie ein riesiges Gemälde breitet sich das Nahetal unter ihnen aus.

Mut, Geduld und Körperbeherrschung verlangt der Trendsport, bei dem der Pilot in einem komfortablen Tragegurt unter seinem Gleitschirm hängt. Mit zwei Bremsleinen in den Händen steuert er das Tempo zwischen 20 und 50 Kilometer pro Stunde. Während ein Flugzeug aber starre Flügel durch die Lüfte tragen, braucht der Paragleiter Wind, um seinen Schirm zu stabilisieren. An der Nahe sind das Ostwinde, die beste Flugbedingungen bieten – und den Piloten einmalige Blicke ins nahe Rheintal oder weit nach Rheinhessen. Gerade deshalb gehört der Sponsheimer Berg, nur ein paar 100 Meter südlich der Hunsrück-Autobahn A61, zu den interessantesten Paragleiter-Plätzen im deutschen Südwesten.

TIPP

Die beste Zeit zum Beobachten der Paraglider sind die frühen Abendstunden.

Für den Aufwind sorgt die Thermik, die am Sponsheimer Berg einen guten Ruf hat und manchmal stundenlange Flüge garantiert. Höhen-Weltrekorde sind hier nicht aufzustellen. Für die muss man in die südamerikanischen Anden, wo sich ein Franzose von den Aufwinden in fast 6000 Meter Höhe katapultieren ließ. An der Nahe würde er damit in Konflikt mit den in Frankfurt startenden oder landenden Flugzeugen geraten, weshalb der Höhenflug in Laubenheim amtlich begrenzt ist.

● Gleitschirmgelände Sponsheimer Berg, A61, 55452 Laubenheim
www.windfinder.com/weatherforecast/sponsheimer_berg_laubenheim
● ÖPNV: RB 33 oder RB 65, Haltestelle Laubenheim (Nahe)

Biermacher seit Generationen

34 Kirner Brauhaus

Es ist Bier aus Kirn, welches die Menschen an der Nahe immer wieder zusammenführt. Viele sind im KIRNER Bierclub organisiert, der inzwischen fast 11.000 Mitglieder hat. Pilstrinker meist, die sich Jahr für Jahr in der Privatbrauerei oder anderswo treffen. Ein blaues Clubshirt mit jährlich neuen Motiven ist an der Nahe mehr als ein Souvenir, es schweißt zusammen. Der Schornstein auf dem Brauereigelände gehört längst zu den Wahrzeichen Kirns. Weithin sichtbar prangt auf ihm der Name der Stadt und vier weitere Großbuchstaben: PILS.

1798 gilt als Gründungsdatum der Brauerei, die aus einer Gasthausbrauerei hervorging. Zwar war das Geschäft anfangs noch etwas holprig, doch schon zwei Generationen später schuf man die noch heute bestehende Brauerei. Das passende Know-how hatten sich die Brauer damals während ihrer Lehrjahre in Münchner und böhmischen Brauereien verschafft – vor allem in Pilsen, wo sie lernten, ein geschmacklich vom Hopfen bestimmtes Pils zu brauen. Kein Wunder, dass Kirner Pils noch heute rund drei Viertel der Produktion ausmacht.

An der Nahe aber geht man längst auch mit der Mode. So haben sich zum Kirner Pils einige im Trend liegende Biersorten gesellt, zu denen ein Weizenbier mit und ohne Alkohol gehört, ein unfiltriertes Kellerbier sowie ein sogenanntes Landbier. Hin und wieder legt man in Kirn auch bewährte Klassiker auf, wie das Fürst Dominik Export mit dezenter Malzsüße und weichem Hopfenaroma. An der Nahe jedenfalls steht Kirn für Bier, gebraut in einer Art Familienbetrieb mit einem guten halben Hundert Mitarbeiter. Sie gehören zu den besten Botschaftern der Stadt, die einmal Deutschlands Ledermetropole war. Dienstags und donnerstags lassen sie sich gern über die Schultern schauen und man kann die Brauerei mit ihren kupfernen Kesseln und modernen Abfüllstationen auch besichtigen und das eine oder andere Bier probieren. 3,5 Stunden dauert die Tour durchs Brauhaus – und vielleicht ist die eine oder der andere dann anschließend auch Mitglied im KIRNER Bierclub!

- Kirner Privatbrauerei Ph. und C. Andres GmbH und Co. KG, Kallenfelser Straße 2–4, 55606 Kirn, www.kirner-bier.de
- ÖPNV: RB 33, Haltestelle Kirn, rund 10 Minuten Fußweg

Prunkvolles Fachwerk

35

Das Alt'sche Haus in Monzingen

Es ist das Leid im Automobilzeitalter, dass man auf der Fahrt von A nach B gewöhnlich die schnellste Verbindung nimmt und so unterwegs vieles rechts und links liegen lässt, was das Leben reicher machen könnte. Dazu gehört auch das Alt'sche Haus, für viele das schönste Fachwerkhaus an der Nahe. Es steht mitten in Monzingen gegenüber dem neogotischen Rathaus, in dem auch eine kleine Touristeninformation zu Hause ist. Das prächtige Bauwerk stammt wie viele bemerkenswerte Fachwerkbauten in der Nahe-Region aus den letzten Jahrzehnten des 16. Jahrhunderts und prägte das Zentrum der einstigen Stadt. Das mächtige Bauwerk beeindruckte auch Matthäus Merian, den bekannten Kupferstecher und Verleger, der „Montzingen" 1645 groß in einem Kupferstich festhielt. Dort auch zeigt sich die heute evangelische Pfarrkirche, deren älteste Teile noch aus romanischen Zeiten stammen.

TIPP

In der Hauptstraße gibt es noch mehr schöne Fachwerkbauten – etwa hinter den Hausnummern 64 oder 74.

Das sogenannte Alt'sche Haus ist das Prunkstück entlang der Hauptstraße, die im Mittelalter die beiden inzwischen verschwundenen Stadttore miteinander verband. 1589 – dem Jahr, als Bayerns Herzog den Bau des Münchner Hofbräuhauses in Auftrag gab – wurde das Haus vollendet. Bauherr war der damalige Bürgermeister, der keinen Aufwand scheute. Dies sieht man dem Haus noch heute an, so kragen aus dem massiven Unterbau mit seinem tonnengewölbten Keller und gemauertem Erdgeschoss zwei Fachwerkgeschosse mit sehenswertem Erker. Es ist ein Meisterstück der Zimmerleute und Holzschnitzer, die ihn ornamental schmückten. Auch mit Weinlaub, gehört Monzingen doch zu den ältesten Weinbaugemeinden an der Nahe. Sein Wein, rühmte schon der Dichterfürst Goethe, „soll sich leicht und angenehm wegtrinken, aber doch, ehe man sich's versieht, zu Kopfe steigen."

Besonders schön gerieten übrigens die Pfosten der Fassade, die noch immer Masken und Köpfe zieren. Es lohnt sich, ein Fernglas mitzunehmen und sich in die Details zu versenken. Wer sich gerne in mittelalterliche Welten entführen lässt, wird hier glücklich!

- Alt'sches Haus, Hauptstraße 59, 56569 Monzingen
  www.monzingen.de
- ÖPNV: RB 33, Haltestelle Bahnhof Monzingen

Zurück zur Natur

36 Gewässer-Erlebnis-Pfad Obere Nahe

Jahrhundertelang floss die junge Nahe einfach nur bergab. In der Regel suchte sich das Wasser den bequemsten Weg, um weiterzukommen. „Wilde Nahe" hieß man den Abschnitt an der Oberen Nahe deshalb auch. Schließlich aber steckte man den Fluss in ein Korsett und zwängte ihn in einen Kanal, der das Wasser mit hoher Geschwindigkeit weitertrieb und zum Leidwesen der Anwohner den Grundwasserspiegel immer weiter senkte.

In Hoppstädten-Weiersbach unweit der Grenze zwischen dem Saarland und Rheinland-Pfalz zog man Anfang dieses Jahrtausends die Notbremse und gab dem Fluss auf einigen Kilometern sein altes Bett zurück. Ein kleiner Abschnitt der Nahe wurde so zum Naturidyll, das Besucher jetzt auf einem Gewässer-Erlebnis-Pfad entdecken können. Knapp 100 Meter südlich der Nahebrücke an der L170 zwischen Hoppstädten und Weiersbach nimmt er seinen Anfang. Infotafeln erzählen unterwegs von der Renaturierung der Nahe – von der Schaffung neuer Räume, die jetzt mittlere Hochwassermengen speichern und die Menschen flussabwärts so vor den Fluten besser schützen können.

TIPP

Autofahrer parken am besten auf der anderen Seite der L170 nahe dem Alten- und Pflegeheim Sankt Anna.

Die Öffnung alter Flussarme erlaubte es der Nahe zudem, sich weiter auszubreiten und ihr Tempo zu verringern. Es ist eine Entschleunigung, die fast nur Nutznießer kennt. In der rekultivierten Auenlandschaft haben sich nämlich zahlreiche Pflanzen und Tiere neu oder wieder angesiedelt, die auf Feuchtgebiete wie diese angewiesen sind. Dazu gehören zum Beispiel Eisvogel und Wasseramsel oder Libellen wie die Gemeine Jungfer, aber auch Reptilien und Amphibien. Vor allem werktags wirkt der Erlebnispfad für den Besucher wie ein kleines grünes Paradies. Ein kleines Plätzchen hat man zum Picknicken hergerichtet. Am schönsten aber ist es direkt am Fluss. Dort mischt sich das Plätschern der Nahe, die sich zwischen großen Steinen ihren Weg flussabwärts sucht, mit dem Gesang der Vögel in den Bäumen am Ufer. Da vergisst man schnell die Zeit – und manchmal meint man, auch die Nahe freue sich über ihren neuen Glücksort.

- Gewässer-Erlebnis-Pfad Obere Nahe, Mühlenweg 3, 55768 Hoppstädten-Weiersbach
- ÖPNV: von Idar-Oberstein Bus 830, Haltestelle Hoppstädten Bahnhof rund 10 Minuten Fußweg

Nostalgie voller Leben

37

Das Freilichtmuseum Bad Sobernheim

Es ist ein Puzzle, das am Rande Sobernheims Gestalt angenommen hat. Dach für Dach, Tür für Tür, meist sogar Stein für Stein, wurden überall in Rheinland-Pfalz alte Bauten abgetragen und hier wieder zusammengesetzt. Gehöfte, Wohnhäuser, Scheunen, Werkstätten, Schuppen und Backhäuser. Dazu eine Wassermühle, ein Tanzsaal, eine Metzgerei samt Schlachthaus, ein Trafoturm und zuletzt gar eine Tankstelle. Auch Kegelbahn, Dorfschmiede, Kaufmannsladen, Friseursalon und Schusterwerkstatt haben im Freilichtmuseum eine neue Heimat gefunden – die meisten auf einem gut 2 Kilometer langen und gut ausgeschilderten Rundweg aneinandergereiht. Es sind allesamt Zeugen einer Zeit, in der Computer ebenso unbekannt waren wie Elektroautos oder Smartphones. Wiesen, Weiden, Äcker und Gärten wurden nach historischen Vorbildern neu bestellt und mit alten Tierarten wie Glanrindern oder Ziegen, Schafen, Hasen, freilaufenden Hühnern, Gänsen und Enten bestückt. Da schlagen Kinderherzen höher!
Damit sich die alten Zeiten auch mit Leben füllen, hat sich das Museumsteam einiges einfallen lassen. Mitmachen wird großgeschrieben, zwar nicht jeden Tag, aber immer öfter. So kann man dem Dorfschmied bei seiner Arbeit helfen oder wie früher am Spinnrad drehen. Mit Lehm, Sand, Spreu und Wasser gilt es, Wände zu formen oder an der Töpferscheibe Schalen, Krüge oder Tassen zu drehen. Wer will, kann sein eigenes Spielzeug fertigen oder die Bank im alten Schulhaus drücken, wo man lernt, wie früher mit Schiefertafel und Griffel statt mit dem Laptop umzugehen. Wurzelbürste, Kernseife, Waschbrett und Wäschestampfer prägten einst den Waschtag, der im Museumsdorf sein eigenes Gesicht hat – bis hin zum Bleichen der Wäsche auf der Wiese. Und in der Küche mit offener Feuerstelle werden nicht nur Pfannkuchen gebacken. Noch größer ist die Auswahl in der Museumsgaststätte mit regionalen Spezialitäten. Der Tag jedenfalls vergeht da rasch!

- Rheinland-Pfälzisches Freilichtmuseum, Nachtigallental 1, 55566 Bad Sobernheim, Tel. (0 67 51) 85 58 80, www.freilichtmuseum-rlp.de
- ÖPNV: RE 3 oder RB 33, Haltestelle Bahnhof Bad Sobernheim

SINGER
29

Mittelalterliches Kleinod

38 Die Simultankirche Sankt Valentin in Oberndorf

In Oberndorf hat sich ein besonderer Glücksort versteckt: die Simultankirche Sankt Valentin. Es ist ein mittelalterliches Kleinod, wie man es nur selten findet. Im 13. Jahrhundert entstand der mächtige Turm mit seinen Licht- und Schießscharten, der das Aussehen der alten Wehrkirche prägt. So sahen Burgen des Glaubens einmal aus! Im 15. Jahrhundert wurde der Turm mit Teilen des romanischen Chorbogens in die neue gotische Kirche, wie sie sich heute zeigt, integriert.

Dass Sankt Valentin heute ein Musterbeispiel gelebter Ökumene ist, macht die Kirche für mich erst zum harmonischen Refugium. So gestalten Katholiken und Protestanten hier abwechselnd ihre Gottesdienste. Weihnachten feiern beide Konfessionen unter einem Weihnachtsbaum und zur Taufe dient beiden der über 400 Jahre alte Taufstein. Nach der Reformation war das Verhältnis zwischen Katholiken und Protestanten, damals noch in Lutheraner und Calvinisten gespalten, wie fast überall in der Pfalz weniger harmonisch. Mal nutzten die einen die Kirche, mal die anderen. Erst gegen Ende des 17. Jahrhunderts schuf ein Dekret das Simultaneum, also die gemeinsame Nutzung der Kirche. Den Katholiken wurde wie damals üblich der Chor, den Protestanten das Langhaus zur Liturgiefeier zugewiesen. Für Ruhe aber sorgte das nicht, sodass man Anfang des 20. Jahrhunderts das Simultaneum auflösen wollte. Der Plan aber scheiterte, weil das Geld für einen weiteren Kirchenbau fehlte.

TIPP

Den Schlüssel zur Kirche gibt es bei Dieter Müller in Oberndorf, der unter Tel. (0 63 62) 17 71 zu erreichen ist.

1958 profitierten so beide Konfessionen von der Entdeckung einmaliger Wandmalereien aus dem Jahr 1474, die man nach der Reformation aus theologischen Gründen mit Kalk übertüncht hatte. Seitdem zeigt sich im Kirchenschiff über dem gotischen Chorbogen wieder Christus auf einem Regenbogen als Weltenrichter, über dem zwei Engel zum Jüngsten Gericht blasen. Zudem grüßen Heilige und Propheten von den Wänden, sodass der Kirchgang in Oberndorf zum Blick in ein buntes Bilderbuch wird.

- Simultankirche Sankt Valentin, Kirchberg 7, 67821 Oberndorf
www.pfarrei-feilbingert.de
- ÖPNV: von Rockenhausen Bus 908, Haltestelle Ortsmitte

Himmlische Töne

39 Das orgel ART museum Windesheim

Es ist die Luft, die das vielleicht schönste aller Musikinstrumente zum Klingen bringt, die Orgel. Gebläse, Bälge und Windkästen hauchen ihren Pfeifen Leben ein. Gesteuert wird der Luftstrom an einem sogenannten Spieltisch, von dem aus Organisten die Orgelpfeifen einzeln zum Schwingen und damit zum Klingen bringen. So betrachtet sind es himmlische Töne, die der Mensch im Orgelspiel kultiviert hat. Kein Wunder, dass die Orgel bis heute in fast jeder Kirche ihren festen Platz hat. Allein in Deutschland sollen rund 50.000 Orgeln stehen.

Aus ihrer Kulturgeschichte erzählt das orgel ART museum in Windesheim vor den Toren von Bad Kreuznach. Hier dreht sich alles um das wohl größte und lauteste Instrument der Welt, dessen Klänge vom sanften Pianissimo bis zum donnernden Fortissimo reichen. Kein anderes hat an Höhen und Tiefen mehr Umfang.

TIPP

Im Advent gibt es Führungen, in deren Rahmen Adventslieder erklingen.

Das Museum, architektonisch ebenfalls einer Orgel nachempfunden, zeigt auf knapp 1000 Quadratmetern mehr als 30 Tasteninstrumente, von der großen Konzertorgel bis zum Tafelklavier, von originalen Prachtexemplaren aus dem Barock bis zu modernen Instrumenten und Nachbauten alter Exemplare. Zu den schönsten gehört eine Orgel der Familie Stumm, die über Jahrhunderte im Hunsrück zu Hause war und im 17. und 18. Jahrhundert Hunderte von Orgeln schuf. Es war die Blütezeit des Orgelbaus, der heute zusammen mit der Orgelmusik zum immateriellen Weltkulturerbe zählt.

Eine Konzertorgel mit 19 Registern auf drei Manualen und Pedal, gefertigt beim Orgelbauer Oberlinger in Windesheim, ist das größte Exemplar der Ausstellung. Eine Orgel, die man auch selbst bespielen kann. Noch beeindruckender ist es, wenn der Firmenchef oder einer seiner Mitstreiter dem Instrument einmal die ganze Bandbreite an Klängen entlockt. Für den Klanggenuss zu Hause hat der kleine Museumsshop eine große Auswahl an Musik-CDs.

- orgel ART museum, Hauptstraße 52, 55452 Windesheim, Tel. (0 67 07) 2 42 97 00 www.orgelartmuseum.org
- ÖPNV: von Bad Kreuznach Bus 240, Haltestelle Windesheim Bahnhofstraße

Auferstanden aus Ruinen

40 Schloss Dhaun in Hochstetten-Dhaun

Wild- und Rheingrafen waren jahrhundertelang die Herren auf Schloss Dhaun. Rüdiger Lanz heißt seit Kurzem der neue Burgherr. Ein Selfmade-Millionär aus der Region, der sein Geld mit LED-Lampen verdient und das alte Schloss zu neuem Leuchten bringen will. Bis dahin betritt man Schloss Dhaun gewöhnlich durch eine 1850 geschaffene, romantisch anmutende Pforte.

Die Anlage thront über dem Tal des Simmerbachs, in seinem Unterlauf auch Kellenbach geheißen. Als „castrum de dune“ (Burg auf der Höhe) fand sie Anfang des 13. Jahrhunderts erstmals Erwähnung. Gebaut hatten sie die Wildgrafen, die auf der nah gelegenen Kyrburg in Kirn zu Hause waren. Im 16. und 17. Jahrhundert wurde die Burg großzügig erweitert und mit einer Kapelle versehen. Deren Ruinen laden auch heute wieder zur Andacht und sind sicher der stimmungsvollste Ort auf Burg Dhaun. In der ersten Hälfte des 18. Jahrhunderts wurde die mittelalterliche Burg zum barocken Schloss umgestaltet. Davon zeugen vor allem der Schlosspark und die zuletzt wieder errichteten Bauten, die französische Revolutionstruppen erobert und später zum Abbruch freigegeben hatten. Für eine kleine Summe ersteigerte die Gebäude damals ein französischer Präfekt, der alles, was zu verwerten war, zu Geld machte und den Rest der Anlage dem Verfall überließ. Seitdem wechselte die Schlossruine immer wieder ihre Besitzer, die mal mehr, mal weniger ins Schloss investierten.

Dabei war der Ort wie kaum ein anderer der Region über Jahrhunderte mit immer wieder neuem Leben erfüllt. Mal diente er als Wohn-, Verwaltungs- und Gerichtssitz, mal als Festung und Raum für Gottesdienste. Wirtschaft und Kultur im Nahraum wurden auch auf Schloss Dhaun geprägt. Der neue Burgherr will die traditionsreiche Geschichte um eine weitere Farbe bereichern. So träumt er von einer Zipline Größe XXL: einer riesigen Seilrutsche hinab ins Tal, einem Adrenalin-Turbo für Abenteuerlustige. Für den einen oder anderen könnte Schloss Dhaun so intensive Glücksgefühle auslösen!

TIPP

Wanderer führt der Wildgrafenweg von Schloss Dhaun zur Stiftskirche Sankt Johannisberg und zum Nahe-Skywalk.

- Schloss Dhaun, Schloßallee 1, 55606 Hochstetten-Dhaun
  www.schlossdhaun.com
- ÖPNV: von Kirn Bus 279, Haltestelle Dhaun Schloss

Sehen, wo der Wein wächst

41

Weinwanderweg Niederhausen an der Nahe

Rund um Niederhausen wachsen mit die besten Naheweine. Auf Böden, die mit feinsten Nährstoffen versorgt sind, und an Hängen, welche die Sonne meist das ganze Jahr verwöhnt. Mitten durch diese Weinberge führt ein rund 4,5 Kilometer langer Wanderweg, an dem zahlreiche Informationstafeln über die Arbeit der Winzer, die Beschaffenheit des Bodens und die Rebsorten, die hier gedeihen, aufklären. Besonders eindrucksvoll sind die vielen Trockenmauern, die zeigen, welche Mühe man sich einst machte, um die Landschaft zu kultivieren. Die Mauern wurden aus unbehauenen Natursteinen ohne Bindemittel wie Zement, Kalk oder Mörtel aufeinandergeschichtet. Sie speichern tagsüber die Sonne und geben nachts ihre Wärme an die reifenden Trauben ab. Früher mussten sie die Winzer selbst errichten, heute sind es Spezialisten, die sie pflegen.

TIPP

Zur Stippvisite in Niederhausen lädt im Sommer auch der Nahestausee.

Der Weg quert bekannte Weinlagen wie Rosenheck oder Hermannshöhle. Schwarz-grauer Schiefer vermischt sich hier mit Phorphyr und Kalkstein. Es sind allesamt vulkanische Gesteine, perfekt für intensive Weinaromen. Beweis dafür sind die vielen Auszeichnungen, mit denen Rieslinge aus Niederhausen immer wieder punkten und den guten Ruf des deutschen Weines auch im Ausland kräftig mehren.

Am besten betreten Besucher den Weinlehrpfad in Niederhausen vom Ende der Schulstraße aus, von wo der Weg bergauf in die Weinberge führt. Direkt am Weg findet sich auch eine Stele, welche die „schönste Weinsicht" an der Nahe markiert, eine Auszeichnung des Deutschen Weininstituts. Zwei Holzliegen und ein kleiner Picknickplatz wenige Meter oberhalb laden zum längeren Verweilen. Überhaupt ist es die weite Sicht ins Nahetal und auf den gegenüber liegenden Lemberg, die immer wieder neue Perspektiven eröffnet: vielsichtige Ein-Sichten, wie sie gewöhnlich nur Glücksorte zu bieten haben.

- Weinwanderweg Niederhausen, Einstieg Weingut Franzmann, Winzerstraße 20, 55585 Niederhausen, www.niederhausen-nahe.com
- ÖPNV: von Bad Kreuznach Bus 253, Haltestelle Gasthof Nahetal

Nahe

„Ein Märchenwunder“

42 Das Kupferbergwerk Fischbach

„... nicht allein die gewaltigen Dimensionen dieser Hohlräume imponieren, sondern die oft märchenhafte Pracht der Gebilde, welche die Natur hier in langen Jahren geschaffen hat. Da sehen wir von der Decke herabhängende, wunderbar zarte, hell durchsichtige Tropfsteinzapfen, oft auch, wo sie in die Breite gezogen, aus Spalten hervordrangen, vorhangartig gestaltet oder wie der Saum eines Gewandes. Ferner türkisblaue oder prachtvoll smaragdgrüne, traubenförmige Kupferausscheidungen, welche Carbonate oder kohlensauere Verbindungen darstellen. Dazwischen flimmern und schimmern Millionen kleiner Kristalle im Schein der Lichter, kurz, es ist ... ein richtiges Märchenwunder! Die tiefe Stille ... erhöht noch das eigenartige Gefühl, das den Besucher dieser jahrhundertelang verlassen gewesenen Räume ergreifen muss.“
So enthusiastisch beschrieb vor mehr als 100 Jahren ein Schweizer Bergingenieur die mittelalterlichen Stollen im Hosenbachtal bei Fischbach vor den Toren Idar-Obersteins. Wertvolles Erz wurde dort seit spätestens dem 15. Jahrhundert abgebaut und zu Kupfer verarbeitet, dessen Güte in ganz Europa geschätzt war. Schon früh trieben Bergleute mithilfe von Schwarzpulver deshalb immer neue und tiefere Stollen in den Berg. Bis zu 3000 Menschen lebten zeitweise direkt und indirekt vom Kupferbergbau. Ab dem späten 18. Jahrhundert aber war der nicht mehr rentabel.

Heute führt ein Besucherpfad mit 250 Stufen durch das mittelalterliche Bergwerk. Sogar eine alte Kupferhütte hat man inzwischen rekonstruiert. Sie zeigt, wie einst Erze aufbereitet und geschmolzen wurden. Die permanent elf Grad Raumtemperatur im Besucherbergwerk nutzt zudem ein Käsefabrikant, dessen Berghartkäse hier bestens reift. Unter dem bedeutungsvollen Namen „Alter Steiger“ ist er im Hofladen des Schwalbenhofs in Berschweiler erhältlich – und natürlich im Souvenirshop des Kupferbergwerks.

- Kupferbergwerk Fischbach, Hosenbachstraße, 55743 Fischbach
www.besucherbergwerk-fischbach.de
- ÖPNV: RB 33, Haltestelle Fischbach-Weierbach,
rund 30 Minuten Fußweg

Ins Reich der Riesen

43 Die Gulliver-Bank in Kirn

Auf dem Weg von Kirn hoch zur Kyrburg, dem Wahrzeichen der Stadt, steht gut 5 Fußminuten unterhalb der Burgruine eine Sitzbank der Superlative: 4 Meter breit und 2,5 Meter hoch. Ein Möbelstück aus dem Reich der Riesen, das der Leiter des städtischen Bauhofes einst aus Holz aus dem Kirner Stadtwald zimmern ließ. Ein Möbel aber auch, das staunen lässt. Das zeigt, dass alles auf der Welt relativ ist. Und dass es die Vernunft ist, die alles zueinander in Relation bringen muss. Ordnung heißt der Schlüssel dazu, geprägt von Einsicht und Verstand. Eine Sicht auf die Welt, die Eltern ihren Kindern hoch über der Stadt Kirn so spielerisch beibringen können.

Wer will, kann auf dem einmaligen „Hoch-Sitz" auch die Geschichte von Gulliver zum Besten geben, der auf seinen Reisen eines Tages ins Reich der Riesen mit dem seltsamen Namen Brobdingnag gelangte. Rund 12 Meter hoch stand dort das Getreide, und die Wespen, die ihn beim Kuchenessen überraschten, musste er mit dem Säbel töten. Dem König von Brobdingnag lehrte er schließlich Europas Sitten und Gesetze, was den Hofzwerg erzürnte, der Gulliver kurzerhand in eine Suppenschüssel warf. Ausgedacht hatte sich die Story, die lange Zeit nur als Kindergeschichte angesehen wurde, der irische Priester und Satiriker Jonathan Swift (1676–1745). Mit seinem Buch wollte er zum Ausdruck bringen, das alles im Kanon menschlicher Werte relativ ist – und dass auch die Vernunft einen moralischen Kompass braucht.

Der Sitz des Riesen in Kirn bietet also Diskussionsstoff genug. Von ihm aus schrumpft Kirns Altstadt zur Miniaturkulisse, zur Ansammlung von Häusern, aus denen sich die Türme der Kirchen wie Fühler recken. Es ist ein schöner Blick, der auch Platz für ein Picknick bietet. Schließlich steht neben der aus Eichenstämmen gefertigten Riesenbank mit ihrer Sitzfläche von fast 1,5 Metern Tiefe noch eine ganz normale Bank samt Tisch. Alles eben ist relativ – auch das Glück!

- Riesensitz, Bank an der Straße vom Friedhof zur Kyrburg auf der linken Seite, 55606 Kirn, www.kirn.de
- ÖPNV: von Kirn Bus 272, Haltestelle Friedhof, rund 5 Minuten Fußweg

Mit dem Rad durch die Lüfte

44 Bikepark in Nahbollenbach (Idar-Oberstein)

Schon mal fliegende Fahrräder gesehen? In Nahbollenbach, direkt am Nahe-Radweg, ist das gang und gäbe! Schließlich liegt am Ende der John-F.-Kennedy-Straße, am Rand eines eher trostlosen Industriegebietes, ein Bikepark mit gleich drei Fahrtstrecken. Zwei Sprunglinien und ein Geschicklichkeitsparcours wurden in mehr als 2500 ehrenamtlich geleisteten Arbeitsstunden aus dem Boden gestampft, zusammen mit einem kleinen Picknickplatz mit Tischen und Bänken. Auf betonierte Abschnitte hat man bewusst verzichtet, stattdessen viel Grün zwischen den Parcours stehen lassen.

Nahbollenbach ist so zum Hotspot für alle Biker geworden. Auf die Strecke dürfen sie allerdings nur mit Helm oder Schutzkleidung, sind die Sprünge über die künstlichen Erdhügel, Dirt Jumps in der Fachsprache genannt, doch nicht ungefährlich. Den Puls treiben sie jedenfalls kräftig nach oben. Da ist der Geschicklichkeitsparcours, auf dem es etwa über Baumstämme zu balancieren gilt, für die meisten nervenschonender. Auch Anfänger sind hier gut aufgehoben! Besucher kommen in erster Linie nach Nahbollenbach, um den Akrobaten der Lüfte zuzuschauen, kostenlos versteht sich. Für den Augenkitzel sorgen die Kabinettstückchen der Radritter, die gewöhnlich englische Namen tragen – vom Barspin, bei dem man den Lenker in der Luft dreht, bis zum Superman, wenn die Fahrer ihre Füße von den Pedalen nehmen und sie wie die Arme weit von sich strecken.

Track statt Strecke nennen die Mountainbiker an der Nahe auch ihre eigens geschaffene Route aus Erde und Lehm. Ein welliger Kurs, den Könner meistern, ohne groß in die Pedale zu treten. Die nötige Kraft schöpfen sie dabei durch Hochreißen der Fahrradgabel, dem Ruck des Körpers aus der Tiefe, dem Pump. Nur zum Start sitzt man kurz auf dem Rad, den Rest der Strecke absolviert man stehend. Langeweile jedenfalls kommt in Nahbollenbachs Bikepark kaum auf, wo jugendliche Rivalitäten meist zusätzlich für Spannung sorgen.

● Bikepark Nahbollenbach, John-F.-Kennedy-Straße 16, 55743 Idar-Oberstein
www.rscblitz-i-o.de/Bike-Park

Die Römer lassen grüßen

45 Das Felsendenkmal in Schweinschied

Zeugnisse aus der Zeit der Römer finden sich in der Naheregion viele. Zwischen Mündung und Quelle des Flusses haben sie ihre Spuren hinterlassen, von Brücken wie in Bingen oder stattlichen Villen wie in Boos oder Bad Kreuznach. Vielfach erhalten haben sich auch ihre Grabmäler und Tempelstätten – so wie dieses eindrucksvolle Felsendenkmal in Schweinschied zwischen Kirn und Meisenheim: ein gewaltiger, heute aus Denkmalschutzgründen überdachter Steinblock.

Er steht am Waldrand oberhalb des Dorfes. Auch wenn er schon arg verwittert und um die Hälfte geschrumpft ist, majestätisch wirkt er noch immer. Kein Wunder, dass ihn die Wissenschaft zu den letzten großen Prunkstücken römischer Steinmetzkunst in Deutschland zählt, die seit ihrer Entstehung im 1. bis 2. Jahrhundert nach Christus an Ort und Stelle blieben und nicht in einem Museum landeten.

Das Felsendenkmal wurde einmal aus einem riesigen Felsblock herausgearbeitet. Das darauf am besten erhaltene Relief, das vermutlich auch erst später in den Felsblock eingemeißelt wurde, zeigt einen Reiter, der über eine sich mit Schild und Schwert wehrende Person hinwegreitet. Er wurde lange Zeit als der Heilige Georg gedeutet, was das Denkmal wahrscheinlich vor Zerstörungen in christlichen Zeiten gerettet hat. Nur noch schwer zu erkennen und damit zu deuten sind die übrigen Reliefs, die Menschen und Fabelwesen zeigen. Neben dem Felsendenkmal steht übrigens die Kopie eines in der Nähe gefundenen sogenannten Vergöttersteins mit den Darstellungen von Apollo, Juno, Herkules und Minerva. Das Original steht im Museum in Worms. Auch Reste einer römischen Wasserleitung wurden inzwischen ausgegraben. Das alles deutet darauf hin, dass anstelle des Dörfchens Schweinschied einmal eine größere römische Siedlung lag.

TIPP

Die Wege zum Denkmal sind von der Dorfmitte sowie vom östlichen Dorfeingang aus markiert.

- Römisches Felsendenkmal, Ringbergstraße 40, 67744 Schweinschied
  www.schweinschied.de
- ÖPNV: von Kirn oder Meisenheim Bus 265, Haltestelle Schweinschied

Wohnen mit Stil

46 Boutique-Hotel Villa Horbach

Es gibt ein Glück, das heißt Zufriedenheit. An dieses mehr als ein halbes Jahrhundert alte Lied aus meiner Kindheit fühlte ich mich in Idar-Oberstein erinnert, wo ein kleines Boutique-Hotel an der Hauptstraße genau dieses Gefühl ausstrahlt. Entlang der Einkaufsstraße der Edelsteinstadt reihen sich zahlreiche unter Denkmalschutz stehende Villen und Häuser wie Perlen an einer Schnur. Bauten, die um die vorletzte Jahrhundertwende entstanden und eine Lebenseinstellung zum Ausdruck brachten, die Wert auf individuelles Wohnen legte.
Ganz in diesem Geist schuf der Metallwarenfabrikant Arthur Schmidt Anfang letzten Jahrhunderts unterhalb eines bewaldeten Berghangs sein Zuhause. Sein Selbstbewusstsein zeigte sich schon in der Wahl des Baustoffs: heller Sandstein, der die Villa noch heute von den umliegenden Bauten abhebt. Der ganze Glanz des asymetrischen Baus im neogotischen Stil aber zeigt sich im Inneren. Dort prägt eine Art-déco-Treppe das Bild, ein Meisterstück der Schreinerkunst. Reich verziert die Treppensäule, geometrisch strukturiert das Geländer, zu dessen Füßen schwere Ledersessel stehen. Neu aufgemöbelt wurde der alte Eichenboden im Fischgrätmuster. Weniger authentisch ist die stählerne Brandschutztreppe an der hinteren Außenwand, die dem modernen Brandschutz geschuldet ist und die Umbaukosten sehr verteuert hat.
Die Hoteleigner aber, ein niederländisches Ehepaar namens Horbach, haben sich durch die vielen Auflagen der Bau- und Denkmalschutzbehörden nicht von ihrem Plan abbringen lassen, die alte Villa samt vieler originaler Türen im Erdgeschoss wieder öffentlich zugänglich zu machen. Die noch im Keller stehenden alten Maschinen, mit denen einst Schmuck gefertigt wurde, wollen die Hoteleigner künftig als Kulisse eines Restaurants nutzen. Zum Art déco würde sich so der Industrial-Style gesellen, ebenfalls ein Modephänomen.

TIPP

Einen Besuch sind die Felsenkirche und das 20 Fußminuten vom Hotel entfernte Edelsteinmuseum wert.

- Boutique-Hotel Villa Horbach, Hauptstraße 264, 55743 Idar-Oberstein www.villahorbach.com
- ÖPNV: RB 33, Haltestelle Bahnhof Idar-Oberstein, dann Bus 301, Haltestelle Nassheck

Einfach innehalten

47 Felseneremitage in Bretzenheim

Sie liegt ein bisschen versteckt zwischen Nahe und Guldenbach, die Eremitage in Bretzenheim. Ihr Kern sind in einen Felsen gehauene Wohnungen, wie man sie sonst eher in mediterranen Gefilden verortet. Kein Wunder, dass man an der Nahe die steinernen Behausungen als einziges Felsenkloster nördlich der Alpen ansieht. Touristisch lässt sich damit wuchern, weshalb man von Bretzenheim aus jetzt einen gut 9 Kilometer langen Rundweg zur Eremitage geschaffen hat.

Wegzeichen mit einem Eremiten in roter Kutte führen interessierte Besucher durch Weinberge und Wälder zur Eremitage – einem Platz, der vermutlich schon seit Jahrtausenden der Kontemplation diente: dem Innehalten und Nachdenken, der Konzentration auf das Wesentliche. Vielfältig sind die Spuren, welche die frommen Beter bis heute im Klosterdorf hinterlassen haben. Fachleute vermuten, dass die ersten Behausungen schon in der Vorzeit in die Felsen gehauen wurden. Später nutzten sie die Römer bis ins 5. Jahrhundert als Mithräum, als Tempel für den Mithraskult.

Greifbarer wird die Klostergeschichte nach der ersten Jahrtausendwende, als Bretzenheim, damals im Besitz der Kölner Erzbischöfe, auch urkundlich in Erscheinung trat. Mitte des 11. Jahrhunderts wurde so eine Felsenkirche aktenkundig, die dem Heiligen Antonius, einem Einsiedler, geweiht war. 1567 fiel sie einem Erdrutsch zum Opfer. Die Katastrophe aber vertrieb die Einsiedler nicht, die bis 1827 in Bretzenheims Eremitage ausharrten. Im Alter von 82 Jahren starb damals der letzte der frommen Beter, von deren Alltag entlang des Wanderweges mehrere Thementafeln erzählen. Die Klosteranlage steht übrigens immer offen, die rund 90 Quadratmeter große Felsenwohnstatt dagegen ist nur im Rahmen einer Führung zugänglich.

Der Rundweg zur Eremitage startet am Wanderparkplatz Kronenberghalle (Winzenheimer Straße 29) in Bretzenheim. Es ist ein überwiegend naturnaher Pfad mit zum Teil kräftigen An- und Abstiegen.

- Felseneremitage Bretzenheim, Eremitageweg 944, 55595 Bretzenheim
  www.bretzenheim.de/vitaltour-eremitenpfad
- ÖPNV: von Bingen RB 65, Haltestelle Bretzenheim (Nahe)

Zur Orchideenblüte

48

Weinberge und Orchideenpfad in Staudernheim

Manche Pflanzen stellen an Boden und Klima besondere Ansprüche. Dazu gehören Rebe und Orchidee, sie lieben sonnige Hänge und scheuen feuchte Böden. Auf einer knapp 1-stündigen Wanderung in Staudernheim kann man beide dank am Weg aufgestellter Infotafeln näher kennenlernen. Was den teils steilen Pfad aber besonders auszeichnet, ist der Aussichtsturm ganz oben. Er bietet einmalige Blicke in die Nahegegend. Hildegard von Bingen, für viele die interessanteste Frau des Mittelalters, verbrachte hier ihre Jugendjahre.

Unten am Hang, wo der Orchideenpfad seinen Anfang nimmt, steht eine Trockenmauer aus Natursteinen, wie sie einst in vielen Steillagen anzutreffen war. Infotafeln erklären Besuchern, wie man die Steine zu schichten hatte und welchen Tieren wie etwa Eidechsen und Schlingnattern sie Lebensraum boten. Solche Mauern sind wichtige Biotope, weshalb heute Naturschützer ganz ohne Weinberg das Handwerk der Winzer weitertragen. Gleich daneben hat man zudem einen alten Weinberg rekultiviert und mit nahetypischen Riesling-Reben bepflanzt.

Zum Besuchermagnet wird der Hang gewöhnlich von Mai bis Juni, wenn die wilden Orchideen blühen. Auf den von der Nachmittagssonne verwöhnten Magerwiesen haben sie einen idealen Standort. Dann zeigen sich Purpur-Knabenkraut oder Bienen-Ragwurz zwischen Gras und anderen Blumen im Festkleid. Orchideen sind auf den Hängen an der Nahe übrigens keine Seltenheit, auf dem Orchideenpfad lassen sie sich aber besonders leicht bewundern. Die Wiesen müssen besonders gepflegt werden, damit sie nicht verbuschen. In Staudernheim erledigt das Jahr für Jahr ein Schäfer. Mit etwas Glück begegnen Wanderer seinen vierbeinigen Landschaftspflegern im Sommer bei ihrer Arbeit.

TIPP

Vom Bahnhof aus die L232 Richtung Bad Sobernheim einschlagend, liegt der Orchideenpfad auf der rechten Seite.

- Weinberge und Orchideenpfad, Staudernheimer Hang, 55568 Staudernheim
- ÖPNV: von Bad Sobernheim RE 3, RB 33 oder Bus 260, Haltestelle Bahnhof Staudernheim, rund 15 Minuten Fußweg

Herberge der Gerechtigkeit

49

Die Ebernburg in Bad Münster am Stein

Hoch über der Mündung der Alsenz in die Nahe thront die Ebernburg, ein trutziges Bollwerk in monumentaler Umgebung. Gegenüber dem Rotenfels, einem der eindrucksvollsten Felsen im deutschen Südwesten, steht sie noch heute wie ein Bollwerk. Anfangs war sie Ritterburg, heute ist sie Familienferien- und Bildungsstätte und Hort eines Restaurants mit großer Terrasse. Vor mehr als einem halben Jahrtausend aber wurde auf der Ebernburg große Geschichte geschrieben. Dort nämlich fanden 1522 die ersten evangelisch geprägten Gottesdienste in deutscher Sprache statt.

Als „Herberge der Gerechtigkeit" war die Ebernburg in jenen Jahren bekannt. Das lag an ihrem Hausherrn, dem Ritter Franz von Sickingen. Der war zwar kein Theologe, gehörte aber dennoch zu den mächtigsten Verfechtern der Reformation. So hatte er nicht nur dem damals wegen seiner Lehre vom Staat verfolgten Martin Luther Unterschlupf angeboten, sondern auch vielen seiner Anhänger, die wegen ihrer Einstellung zu der neuen Form des Glaubens ihre Jobs als Ordenspriester oder Pfarrer verloren hatten. Der eine oder andere fand so als Burgkaplan hoch über der Nahe eine neue Anstellung. Auch der Kirchenkritiker und Publizist Ulrich von Hutten, mit dem sich Franz von Sickingen auf dem großen Denkmal unterhalb der Burg zeigt, fand im Burgherrn einen großen Förderer. Hutten wurde so eine Art Marketingmanager für die neuen Glaubensideen.

So betrachtet war die Ebernburg eine der ersten großen Kaderschmieden der Protestanten. Ein Ort für alle Menschen jedenfalls, welche genug von Klerikern hatten, die damals den Menschen das Seelenheil in Form von Ablassbriefen verkauften. Zu den entscheidenden Folgen der theologischen Diskussionen auf der Ebernburg gehörte übrigens auch die Erkenntnis, dass man, um ein guter Seelsorger zu sein, nicht auf die Ehe verzichten müsse. Des Glückes Schmied wurde die Ebernburg so für den einen oder anderen Theologen!

- Burg Ebernburg, Burgweg 1, 55583 Bad Kreuznach, Tel. (0 67 08) 6 17 66 11 www.ebernburg.de
- ÖPNV: von Bad Kreuznach Bus 201, Haltestelle Ebernburg Alter Bahnhof

Wandern im Schatten

50 Das Trübenbachtal in Kirn

Glück ist es, im Hochsommer einen schattigen Wanderweg zu finden. So wie den durch das Tal des Trübenbachs, eine der schönsten Schluchten in der Nahe-Region. Deutlich kühler ist es hier unter den Bäumen meist. Im Winter sieht man das an spektakulären Eisgebilden, wenn das Wasser in der Klamm zu oft abenteuerlichen Formen erstarrt. Die Schönheit des Tales macht übrigens das Gefälle des Trübenbachs aus. Schließlich entspringt das Flüsschen auf der Hochebene bei Bergen und mündet nach nur 5 Kilometern gut 240 Meter tiefer.

Der Weg, wegen der Höhendifferenz kein einfacher Spaziergang, führt zwischen Kirn und Bergen zudem durch ein Naturschutzgebiet. Das heißt, umgestürzte Bäume bleiben hier meist liegen, es sei denn, sie versperren den Weg. So zeigt sich das Tal wild und romantisch zugleich, gesäumt von kleinen Wasserfällen, über die auch mal ein Steg führt. Natursteine prägen kleine felsige Abschnitte. Ansonsten ist es meist Waldboden, den Sonnenstrahlen nur schwer erreichen. Kein Wunder, dass Farne und Moose sich im Trübenbachtal besonders wohlfühlen – und viele Vogelarten, die mit ihren Gesängen den Wanderer begleiten. Ideal ist der Weg für Hundefreunde, findet ihr Vierbeiner doch immer ein kühles Plätzchen. Und selbst an Tropentagen immer ein bisschen frisches Wasser im Flussbett. Da freut sich Hundi!

Offiziell gibt es zwei Routen durchs Trübenbachtal. Die populärste, knapp 7 Kilometer lang, beginnt auf dem Parkplatz unterhalb der Kyrburg in Kirn, von wo sie als Rundwanderweg bis Bergen und zurückführt. Die 1 Kilometer längere Alternative führt nach Sulzbach und zurück. Wanderer, die nur die Schlucht auf schattigen Wegen kennenlernen wollen, nehmen am Ende der Uhlandstraße in Kirn den Weg zum Trübenbach, dem sie immer weiter flussaufwärts folgen können. So lange, bis sie genug haben und auf dem gleichen Weg zurückkehren. Es ist die individuellste Art, das Tal kennenzulernen!

- Trübenbachtal, K6 87, 55606 Kirn
  www.kirn.de/freizeitangebote/kirnerwanderwege
- ÖPNV: von Kirn Bus 272, Haltestelle Friedhof, rund 7 Minuten Fußweg

Speisen im Schweinestall

51

Das Restaurant Im Gütchen in Bad Kreuznach

Glück kann auch sein, wenn historischem Ambiente neues Leben eingehaucht wird! Dafür gibt es immer wieder gute und schöne Beispiele. So wie im Museumsviertel von Bad Kreuznach, wo ein mutiges Ehepaar vor fast 30 Jahren einen landwirtschaftlichen Hof im klassischen Barock zum Gourmet-Restaurant aufgemöbelt hat. Aus einem ehemaligen Schweinestall wurde so ein Tempel der Gastlichkeit, in dem gern Produkte der Region neben internationalen Fisch- und Fleischspezialitäten auf die Tische kommen. Heimatlich, mediterran oder vegetarisch, ergänzt um eine der Jahreszeit angepasste Frischevariante, sind die viergängigen Menüs, die sich untereinander kombinieren lassen. Und damit auch unter häufigeren Restaurantbesuchen ja keine Langeweile aufkommt, werden die Gerichte alle 3 bis 4 Wochen neu zusammengestellt.

TIPP

Der benachbarte Schlosspark lädt zum gemütlichen Bummel, in Fußnähe liegen die wichtigsten Museen.

„Im Gütchen" heißt das Restaurant am Schlosspark, auf dessen Grund nach allgemeiner Ansicht schon die Römer siedelten. Als attraktiver Bauplatz jedenfalls war das Gebiet auf der linken Naheseite schon früh begehrt. Auch bei Amalie von Anhalt-Dessau (1720–1790), einer selbstbewussten Prinzessin aus dem altsächsischen Hochadel, die sich hier Ende des 18. Jahrhunderts in einem alten Wasserschloss einrichtete. Zu ihrem Anwesen gehörte auch ein landwirtschaftliches Gut, das im Lauf der Zeit immer mehr an Substanz verlor – bis Ende des 20. Jahrhunderts ein neuer Eigentümer viel Geld in seine Sanierung steckte. Mit viel Liebe zum Detail entstand so das „Gütchen", füllten sich die alten Mauern mit neuem Glanz und kunstvoll-eleganter Einrichtung. Dazu passt bis heute auch die Küche, die internationale Raffinesse charakterisiert. Bio-Maishähnchen-Brust mit Pfifferlingen und Kräuternudeln in Garnelenrahm gesellt sich so etwa zu Fjordlachs und Seezungenfilet. Mein Glücksmoment war ein Baby-Seeteufel mit gegrillten Kirschtomaten und Auberginen-Creme in einer südamerikanischen Leche de Tigre, einer „Tigermilch" aus Limette, Ingwer, Sellerie, Knoblauch, Zwiebeln und Chili!

- Im Gütchen, Hüffelsheimer Straße 1, 55545 Bad Kreuznach, Tel. (06 71) 4 26 26 www.im-guetchen.com
- ÖPNV: von Bad Kreuznach Bus 203, Haltestelle Schlosspark

Ein Himmel voller Eleganz

52 Evangelische Schlosskirche Meisenheim

Es ist die Erhabenheit mancher Kirchen, die Besucher ganz still werden und zu sich finden lässt. So geht es vielen in Meisenheims Schlosskirche. Ein Juwel mittelalterlicher Spätgotik, das zu den schönsten Gotteshäusern im deutschen Südwesten zählt. Kunsthistoriker bringt seine Architektur immer wieder ins Schwärmen. Auf einem Plateau hoch über dem Glan, einem Nebenfluss der Nahe, thront der Prachtbau in der historischen Altstadt: eine dreischiffige Hallenkirche mit sehenswertem Portal. 52 Meter ist der Turm im Westen hoch, den Chor gegenüber prägen sieben klassisch-moderne Fenster.

Da Meisenheim von Kriegen weitgehend verschont blieb, zeigt sich die Schlosskirche auch heute noch fast so, wie sie bei ihrer Vollendung im Jahr 1504 als römisch-christliche Kirche aussah. Was fehlt, ist der Lettner, der den Chorraum einst von den Gläubigen trennte. Er fiel einem Umbau im Barock zum Opfer, welcher der Kirche gleichzeitig die große Rokoko-Kanzel und die reich verzierte Orgel bescherte, ein Meisterstück aus der Hunsrücker Orgeldynastie Stumm. Geblieben sind die Grabdenkmäler vieler einst in Meisenheim regierender Herzöge. Die schönsten entstammen der Spätrenaissance.

Der Turm der Schlosskirche ähnelt dem des Frankfurter Doms. Das ist kein Zufall! Schließlich war sein Baumeister aus der Stadt am Main eigens an den Nahe-Nebenfluss Glan gereist, um dort eine Kirche zu schaffen, deren Sternengewölbe zu den eindrucksvollsten zwischen Rhein und Saar gehört. Es ist ein Himmel voller Eleganz, der über dem Betrachter zu schweben scheint. Mit großen Fenstern, die Licht ins Gotteshaus brachten, um die Seele zu erleuchten und die Herzen zu wärmen. Und mit bunten Schlusssteinen im Gewölbe wie im Hauptchor, wo den Heiligen Geist in Gestalt einer Taube die Bildnisse der zwölf Apostel umgeben. Bekannte Glaubenszeugen, die den Gläubigen die Richtung für ihr Leben angeben sollten. In Stein gehauenes ganz großes Theater!

- Schlosskirche Meisenheim, Schlossplatz 1, 55590 Meisenheim
- ÖPNV: von Bad Sobernheim Bus 260, Haltestelle Meisenheim Lindenallee

Ein Kleinod im Soonwald

53 Die Willigis-Kapelle bei Auen

Als Baumeister des Mainzer Domes hat sich der Heilige Willigis, einst Erzbischof des Bistums Mainz, Anfang letzten Jahrtausends einen Namen gemacht. Seine nach ihm benannte Kapelle mitten im Hunsrücker Soonwald aber kennt kaum jemand, obwohl er auch ihren Bau einst in Auftrag gegeben hatte. Mitten im Wald steht sie heute am Rand des Dorfes Auen, das zur Verbandsgemeinde Nahe-Glan gehört.

Es ist ein nostalgischer Ort mit langer Geschichte, siedelten hier doch schon Kelten und Römer. Eine Urkunde aus dem Jahr 1128 gilt als Bestätigung, dass Willigis die Kirche einst weihte. „Geh in Kirche" soll sie ursprünglich geheißen haben. Ein Name, der als Mahnung an die Menschen im Hunsrück galt, regelmäßig in die Kirche zu gehen und zu beten. Für die meisten waren das damals weite Strecken durch Wälder und Wiesen, die heute Wanderer zu Tagestouren einladen.

Nur ein paar Schritte von der Kapelle entfernt können sie in den vom Deutschen Wanderinstitut zertifizierten Willigisweg einsteigen. Wanderern soll er den Heiligen, der in Bingen auch die erste steinerne Brücke über die Nahe bauen ließ, ein bisschen näherbringen. Der knapp 20 Kilometer lange Rundweg im Gedenken an den Erzbischof ist kein Feierabendspaziergang, sondern eine mindestens mittelschwere Tour, die wegen ihrer Aufs und Abs entsprechende Kondition und Ausdauer verlangt.

Prunkstück des Weges ist jedenfalls die vielfach zerstörte, aber immer wieder erneuerte Willigis-Kapelle, die diesen Namen in Erinnerung an ihren Bauherrn erst seit Anfang letzten Jahrhunderts trägt. Damals baute man sie aus den Resten der ehemaligen „Geh in Kirche" neu auf. Heute ist sie ein Ort der stillen Andacht inmitten der Natur. Ein Glücksort zum Innehalten, weit abseits jeder Hektik. Im Schatten des Kirchleins finden sich übrigens noch einige alte Gräber. Schließlich war die Willigis-Kapelle doch jahrhundertelang auch Friedhofskapelle für die Menschen im Soonwald.

- Willigis-Kapelle, von Monzingen über die L229, 55569 Auen
www.wanderinstitut.de/premiumwege/rheinland-pfalz/willigisweg
- ÖPNV: von Bad Sobernheim Bus 278 (Rufbus), Haltestelle Auen Ort

Unterwegs im Dunkeln

54 Der Kinnsfelstunnel bei Oberhausen an der Nahe

„Denn die einen sind im Dunkeln. Und die anderen sind im Licht. Und man siehet die im Lichte. Die im Dunkeln sieht man nicht." An Bertolt Brechts Verse aus seiner Dreigroschenoper musste ich denken, als ich das erste Mal mit Freunden den Kinnsfelstunnel durchquerte, einen aufgegebenen Eisenbahntunnel an der Nahe bei Oberhausen. Knapp 300 Meter misst der Weg durch die Dunkelheit, wobei die Tunneleingänge anfangs noch genügend Licht spenden. Schnell aber wird es finstere Nacht, braucht es eine Taschenlampe. Zur Not die im Handy! Für Erwachsene ist der Tunnelmarsch ein mühsames Unterfangen, für Kinder aber ein Abenteuer. Das fängt schon beim Weg dahin an, der über eine unbequeme und zugewachsene Schotterstrecke führt. Festes Schuhwerk sollte man da schon tragen, das auch im manchmal feuchten Tunnel von Nutzen ist. Irgendwann geht es dann ins Dunkle, schluckt der Tunnel den Menschen, um ihn nach einigen Minuten wieder auszuspucken. Gereift mit der Erkenntnis, dass jedes dunkle Kapitel im Leben auch irgendwann ein Ende hat. Der Anmarsch zum Tunnel erfolgt am besten von Oberhausen über die Bahnhofstraße und am einstigen Bahnhofsgebäude und heutigen Campingplatz entlang auf der stark verwilderten ehemaligen Schienentrasse. Sein Dasein verdankt der Tunnel übrigens der Tatsache, dass die Nahe hier einst Bayern von Preußen trennte. Und weil auf preußischer Seite schon eine gut nachgefragte Bahn fuhr, hofften die Bayern, dass sich auch der 1904 in Betrieb genommene neue Schienenweg am rechten Naheufer entlang rentiert. Nach dem Krieg hatte die Strecke praktisch keine Bedeutung mehr, sodass man immer mehr Teilstücke stilllegte und den Schienenbetrieb schließlich ganz aufgab. Seitdem döst der gemauerte Tunnel vor sich, über den ein oberirdischer enger Gang führt. Der wurde einst zur Kontrolle des Tunnels angelegt und ist die ideale Kulisse für alle Gruselfans. Zum Nulltarif versteht sich!

TIPP

Wanderer starten in Oberhausen die Vitaltour „Geheimnisvoller Lemberg", eine viel gelobte Strecke.

- Kinnsfelstunnel Oberhausen, 55585 Oberhausen an der Nahe www.oberhausen-nahe.de
- ÖPNV: von Bad Kreuznach Bus 253, Haltestelle Oberhausen Gemeindehalle

Unten ohne!

55 Auf dem Barfußpfad in Bad Sobernheim

Haltungsschäden? Rückenschmerzen? Gelenkprobleme? Dagegen kann Barfußgehen helfen! Jahrtausende jedenfalls kannte man keine Schuhe, lief man barfuß durch die Welt. Als Kinder, erinnert sich der eine oder die andere vielleicht, war das jedenfalls ein Riesenspaß. Und am schönen Sandstrand macht man das immer noch so. Im Lauf der Jahre hat man jedenfalls gemerkt, dass sich Sand anders anfühlt als Steine, Gras anders als Asphalt, Kieselsteine anders als Beton. Höchste Zeit also, mal wieder auf festes Schuhwerk zu verzichten!

In Bad Sobernheim an der Nahe hat man dafür an der Nahe eine eigene Strecke geschaffen: Deutschlands ältesten Barfußpfad. Seit mehr als 3 Jahrzehnten lädt er Besucher zum Spaziergang. 3,5 Kilometer ist er lang, rechts und links des Flusses, den man auf einer Hängebrücke quert. Über Gras und Holz geht es, Sand, Steine und Rindenmulch, ja sogar durch kaltes Wasser, das den Kreislauf noch einmal zusätzlich anregt. Emanuel Felke (1856–1926), evangelischer Pastor und Naturheilkundler, hatte das vor über 100 Jahren schon erfolgreich in Sobernheim vorgelebt, der „Lehmpastor“, wie ihn die Einheimischen gern nannten.

Kein Wunder, dass auch der Barfußpfad heute an einem großen Lehmstampfbecken beginnt. Spätestens hier gilt es, die Hosen hochzukrempeln oder gleich in Shorts oder Rock zu erscheinen. „Unten ohne“ ist hier die Devise! Balsam ist die Tour für die Muskulatur der Füße. Denn die gibt dem menschlichen Sockel Halt und verhindert Fehlstellungen wie Senk-, Knick-, Platt- oder Spreizfüße. Schade nur, dass der Barfußpfad nur im Sommer offensteht. Gut dagegen ist, dass Bad Sobernheims Kurgäste nicht mehr wie zu Pastor Felkes Zeiten in Licht-Luft-Hütten auf dem nackten Lehmboden oder Strohsack schlafen müssen, sondern in kuscheligen Quartieren mit höchstem Komfort.

TIPP

Den Ausflug zum Barfußpfad krönt ein Biergarten mit heimischen Craftbieren und ausgesuchten Weinen.

- Barfußpfad Bad Sobernheim, Staudernheimer Straße 90, 55566 Bad Sobernheim, Tel. (0 67 51) 8 56 92 92, www.barfusspfad-bad-sobernheim.de
- ÖPNV: RB 33, RB 34 oder RE 3, Haltestelle Bahnhof Bad Sobernheim, rund 20 Minuten Fußweg

Fortschrittlich seit 1332

56 Die Frauenburg in Frauenberg

Auch Märchenschlösser sind nichts für die Ewigkeit. So wie die Frauenburg auf einer 60 Meter hohen Bergkuppe über der Nahe. Für die Bauherren war es ein Glücksort, nach drei Seiten steil abfallend und damit im Ernstfall bestens zu verteidigen. Lange ging das gut, bis sie im 17. Jahrhundert aber doch zerstört wurde. Heute ist sie eine Ruine. Eine, die sich aber immer noch schön ansieht, was vor allem an den zwei runden Türmen im Osten liegt. Sie haben von den fünf Türmen, die das Bauwerk einmal schmückten, überlebt. Einmalig ist der Blick von hier oben und noch spannender die Geschichten, welche die Steine in den meterdicken Mauern erzählen, wenn sie reden könnten.

Die Frauenburg nämlich war der Witwensitz einer um das Jahr 1300 geborenen Dame namens Loretta, die schon als Teenager heiratete und nach dem Tod ihres gräflichen Gatten Herrscherin über ein arg zerstückeltes Land zwischen Mosel und Nahe wurde. Immer wieder trachtete der machtbesessene Trierer Erzbischof nach ihren Immobilien – bis Loretta die kurfürstlichen Macho-Allüren satthatte. 1327 nahm die junge Frau mit Gleichgesinnten deshalb den Gottesmann während einer Schiffsreise auf der Mosel gefangen und ließ ihn erst wieder frei, nachdem er versprochen hatte, seine Expansionsbestrebungen einzustellen. Dazu ließ sich die resolute Dame ein stattliches Lösegeld vom Trierer Kirchenfürsten zahlen, das ihr Leben reicher machte – denn damit kaufte sie 1332 von ihrer Schwägerin die Frauenburg, die ihr wegen ihrer Schönheit und Lage besonders ans Herz gewachsen war. Nachdem sie ihren ältesten Sohn mit der Nichte des damals regierenden Kaisers verheiratet hatte und er ihre Herrschaft antrat, zog sich Loretta zufrieden auf die Burg zurück. „Fortschrittlich seit 1332" heißt es deshalb heute in Frauenberg, auf dessen Gemarkung die Burg steht. Es ist der Slogan, mit dem die Ortsgemeinde gegenwärtig um Besucher wirbt. Der zeigt, dass Frauen auch im Mittelalter nicht nur Heimchen am Herd waren.

TIPP

Die Burganlage liegt unweit der Nahebrücke und keine 5 Minuten vom Nahe-Radweg entfernt.

● Frauenburg, 55776 Frauenberg, www.frauenberg-nahe.de
● ÖPNV: von Idar-Oberstein RB 33, Haltestelle Bahnhof Kronweiler, rund 60 Minuten Fußweg

Tief durchatmen

57 Das Salinental in Bad Kreuznach

Jahrhundertelang wurde im Salinental aus salzhaltigem Quellwasser, der Sole, Salz gewonnen. Es war eine mühsame Arbeit, die Gradierwerke effizienter machten. Sie förderten die Verdunstung des Salzwassers, das auf großen Gestellen ganz langsam über Stroh und später Schwarzdornzweige rieselte. Gleich mehrmals hintereinander, sodass das Wasser immer salziger und letztlich gesiedet wurde.

Dass die Gradierwerke im Salinental zwischen Bad Keuznach und Bad Münster am Stein noch heute existieren, lag an Johann Erhardt Peter Prieger, dem einstigen Brunnen- und Badearzt der Stadt, der 1817 nach Kreuznach kam und den Badebetrieb professionalisierte. Seitdem reisen jährlich Tausende von Asthma, Pollenallergien, Erkältungen und anderen Atembeschwerden Geplagte an die Nahe, um sich wie Generationen vor ihnen das zerstäubte Salzwasser um die Nase wehen zu lassen. Besonders gern an heißen Sommertagen, wenn es im Schatten der Gradierwerke gewöhnlich immer ein paar Grad kühler ist.

Die salzhaltige Luft dehnt die Bronchien und streichelt die Haut, tut einfach gut! Umso mehr, je näher man den kunstvoll aufgeschichteten Schwarzdornhecken ist. Denn sie sind die idealen Filter zur Zerstäubung der Sole. Etwa alle 14 Jahre aber müssen sie erneuert werden, weil die Minerale im Wasser die Dornen zusetzen und den Weg des Wassers einengen. Es ist ein teurer Spaß, sind doch allein die Salinen aus knapp 500.000 Dornbündeln zwischen 2 und 3 Millionen Euro wert. Weil die traditionsreichen Gradierwerke samt Wasserrädern und kilometerlanger Geländer meist per Hand gepflegt werden, kommen Unterhaltskosten von einer weiteren halben Million Euro jährlich hinzu. Kein Wunder, dass die Stadt für den Erhalt ihres denkmalgeschützten Gesundheitsparks inzwischen ein Spendenkonto eingerichtet hat, um Jung und Alt den Zutritt ins größte Freiluftinhalatorium Europas auch weiter kostenlos zu ermöglichen.

TIPP

Die Gradierwerke sind von Ostern bis November gewöhnlich von 8 bis 21 Uhr in Betrieb.

- Salinental, Kurhausstraße 22–24, 55543 Bad Kreuznach
- ÖPNV: von Bad Kreuznach Bus 201, Haltestelle Salinental

Touristische Perle

58

Herrstein an der Deutschen Edelsteinstraße

Wer kennt nicht das Märchen von Dornröschen, der Prinzessin, die nach 100 Jahren Schlaf von einem Prinzen wachgeküsst wird? So ähnlich scheint es auch Herrstein gegangen zu sein, dem kleinen Ort unweit der Nahe. Im 13. Jahrhundert stand dort eine erste Burg, 1428 wurde aus dem Dorf eine Stadt. Allerdings gingen die Stadtrechte infolge der Französischen Revolution wieder verloren, sodass Herrstein mit der Zeit in der Versenkung verschwand.

In den 1970er-Jahren aber küsste ein Prinz in Gestalt des Bürgermeisters Herrstein wieder wach. Das unter Putz oder Asbestplatten verkleidete Fachwerk vieler Häuser wurde wieder ans Licht geholt, vieles neu aufgemöbelt. Aus dem alten Schulhaus wurde ein Heimatmuseum, in einem anderen Bau hielt ein Schmied Einzug. Aus dem vergessenen Dorf wurde so eine touristische Perle. Ein nostalgischer Wohlfühlort, klein und fein, mit gepflasterten Gassen, alter Kirche und Dorfbrunnen. Und einem Uhrturm als Schmuckstück, der früher zur Stadtmauer gehörte. Sogar das einstige Backhaus, den „Backes", gibt es noch. Drei spätgotische Türme der ersten Burg haben ebenso überlebt, allen voran der sogenannte Schinderhannesturm. Er erinnert an eine populäre Räuberbande, die Ende des 18. Jahrhunderts im Hunsrück ihr Unwesen trieb.

Auch Wanderer kommen in Herrstein auf ihre Kosten, führt doch die erste von mittlerweile Dutzenden von Traumschleifen in der Großregion rund um das Dorf. Schlicht „Mittelalterpfad" nennt sich der 8,5 Kilometer lange Pfad, der sogar einmal als Deutschlands schönster Wanderweg ausgezeichnet wurde. Nach dem Ausflug durch Felder, Wiesen und Wälder erwartet den Wanderer die Zehntscheune. Ein Café im Schlossweg, wo Hunsrücker Spezialitäten zu Hause sind – etwa gefüllte Klöße, Kartoffelpfannkuchen, Forellenfilet, hausgemachte Kartoffelsuppe mit Würstchen oder Kuchen und Obstaufläufe nach alten Hausrezepten.

TIPP

Das Heimatmuseum ist von Mai bis November sonntagmittags geöffnet – und bei Führungen durch den Ort.

- 55756 Herrstein
- ÖPNV: von Fischbach-Weiherbach Bus 899, Haltestelle Herrstein Handwerkskammer

Grabmäler mit Botschaft

59

In der ehemaligen Stiftskirche Johannisberg

Gleich neben dem Skywalk in Johannisberg steht eine kleine Kirche. Auch sie thront über dem Nahetal auf felsigem, schroff abfallendem Grund. Wer schwindelfrei ist, genießt von diesem Kleinod im Grünen eine herrliche Aussicht. Mitte des 13. Jahrhunderts hatten die einst an der Nahe regierenden Wildgrafen die Kirche als Grablege für ihre Familie errichten lassen. Bis zu sechs Stiftsherren waren zeitweise hier als Geistliche im Dienst, um für das Seelenheil der verstorbenen Adligen zu beten. Mitte des 16. Jahrhunderts aber, die Stiftskirche war inzwischen lutherische Pfarrkirche des Weilers Johannisberg, gaben die Grafen ihr Geld statt für besoldete Beter lieber für aufwendige Grabdenkmäler aus. Gott sei Dank, machten sie doch so die Stiftskirche für den Besucher von heute zum friedvollen Ort.

TIPP

Die Kirche steht von April bis Oktober offen. Führungen organisiert das Pfarrbüro: Tel. (0 67 52) 25 35.

Denn die bildhauerischen Details einiger Grabmale faszinieren immer wieder neu und erzählen viel von der Geschichte. Sie sind Zeugen des reformatorischen Aufbruchs damals und den Anfängen des Humanismus. 22 Grabdenkmäler, entstanden zwischen dem 14. und 18. Jahrhundert, spiegeln so auch den gesellschaftlichen Wandel im Leben der Wildgrafen. Anfangs zum Beispiel präsentierten sie sich gern als Selbstdarsteller im Harnisch, als Vertreter eines stets kampfbereiten und angriffslustigen Adelsgeschlechtes.

Später zeigten sie sich auf den Darstellungen über ihren letzten Ruhestätten mehr und mehr als fromme Familienväter neben Frau und Kindern. So wie der 1585 verstorbene Graf Johann Christoph mit seiner Gattin Dorothea, die im Feststaat demütig vor Christus knien. Vor dem Sohn Gottes, dessen Lehre Martin Luther und andere Kämpfer für einen neuen Glauben mit mehr Ernsthaftigkeit erfüllt hatten. Ihnen ging es mit ihrer neuen Religion weniger um die Amtskirche mit ihren Machtansprüchen als um jeden einzelnen Menschen. Um Individuen, denen der Glaube helfen konnte, ihr Leben erfolgreich zu gestalten und es selbst in die Hand zu nehmen. Es war eine zutiefst humanistische Botschaft, die gerade heute wieder neuen Zuspruch findet.

- Stiftskirche Johannisberg, 55606 Hochstetten-Dhaun
- ÖPNV: von Hochstetten-Dhaun Bus 279 (Rufbus), Haltestelle Johannisberg

Honstein
Frewe dich

Im Zeichen des Mondes

60 Nächtlicher Fastnachtsumzug in Bingen

Es ist die Nacht, die einst die Narren vereinte. Jahrhundertelang sonnten sie sich im Zeichen des Mondes. Daran erinnert auch der Name Narrenmond, mit dem man früher im Kalender den Februar markierte. Denn anders als die Sonne, die sich jeden Tag gleich zeigt, grüßt der Mond in stets wechselnder Gestalt. „Wie der unbeständige Mond ändert der Narr fortwährend seinen Sinn, wie die Sonne bleibt der Weise sich selbst treu", sagte man im Mittelalter.

Kein Wunder, dass die Obrigkeit im nächtlichen Narrentreiben Gefahr witterte und es deshalb häufig verbot. Zu groß war die Furcht, die Gecken könnten ihre Narrenfreiheit nutzen, um ihren angestauten Unmut über fehlende Freiheiten gewaltsam auszudrücken. Spätestens Mitte des 19. Jahrhunderts war es mit den Nachtumzügen fast überall vorbei. Inzwischen hat die eine oder andere Gemeinde das alte Treiben wiederbelebt – so wie im Binger Nahe-Vorort Büdesheim, wo man inzwischen wieder nachts unterwegs ist. Nicht spätabends, sondern nach Einbruch der Dunkelheit. Dann ziehen die Narren, einige zu Fuß, die meisten aber auf von Traktoren gezogenen Karossen durch die Lande. Junge Leute meist, die mit ihrem Umzug beweisen, dass Fastnacht nicht von gestern ist. Es sind moderne Glücksritter auf selbst gebauten mobilen Burgen, deren Mauern und Wehrtürme offen sind – nicht abgeschottet wie die ihrer mittelalterlichen Ahnen. Statt Kanonen haben sie Stimmungsraketen an Bord: Riesige Lautsprecher, die das Publikum zu ihren Füßen längst nicht mehr nur mit Karnevalsschlagern, sondern auch mit Rap, Reggae oder Rock beschallen. Mit Musik, die in die Beine geht. Es ist die Party-Generation, die Büdesheims Nachtumzug ein Gesicht gibt. Eine, die bunt und vielfältig kostümiert jährlich zu einer neuen Gemeinschaft zusammenwächst. Beseelt von der Erkenntnis, dass das Wir im Leben oft mehr Glück ausstrahlt als das Ich.

● Nachtumzug Bingen-Büdesheim am Fastnachtssamstag,
Aufstellung Berlinstraße, 55411 Bingen
www.tus-bingen-buedesheim.de/buedesheimer-nachtumzug
● ÖPNV: von Bingen Bus 601, Haltestelle Büdesheim

Weiter Blick ins Naheland

61 Der Heimbergturm bei Schloßböckelheim

Es war Bad Kreuznachs Landrat, der sich irgendwann im neuen Jahrtausend mit einer mobilen Hebebühne auf dem Heimberg zwischen Schloßböckelheim und Waldböckelheim in die Höhe bringen ließ. Mit den Worten „Genau, das ist es!" soll er schließlich grünes Licht für den Bau des Heimbergturms gegeben haben: einem 29 Meter hohen Aussichtsturm. Weit ins Nahetal reicht heute der Blick von seiner überdachten Aussichtsplattform, zu deren Füßen die Welt zum Märklin-Format schrumpft – nur dass die Eisenbahnen im Nahetal weiter auf breiten Schienen statt auf der Spur H-Null fahren und die dahinterliegenden Berge nicht aus Styropor, sondern aus festen Felsen sind. Und natürlich erscheinen die Weinberge weiter unten, aus denen die Winzer im Spätherbst die reifen Trauben von den Reben schneiden, von oben ganz anders, als man sie auf dem Weg zum Turm gewöhnlich kennenlernt.

Auf der anderen Seite schweift der Blick über den Hunsrück, dessen weite Wälder, Felder und Wiesen zu einem bunten Meer schrumpfen, dessen Farben sich von Jahreszeit zu Jahreszeit wandeln. Und Richtung Südosten grüßt der Donnersberg, die höchste Erhebung der Pfalz. Der Blick vom Heimbergturm ähnelt so einem Buch mit vielen Bildern, deren Aussehen sich immer wieder ändert, vom weißen Winterkleid bis zum rotbraun satten Herbstkostüm.

Die Eckpfeiler für den Heimbergturm bilden 85 Jahre alte Douglasienstämme aus dem Soonwald, die alle mit Metallstreben über Kreuz verspannt sind. Den im Frühjahr 2008 errichteten Turm führt eine Holztreppe über knapp 150 Stufen und 15 Zwischenpodeste bis zur Besucherplattform hinaus. Da kommt mancher schon mal aus der Puste, zumal es vorher auch den gut 300 Meter hohen Heimberg zu erobern galt. Den Turm erschließt auch ein gut 8 Kilometer langer, neuer Panoramaweg, der am Friedhof von Schloßböckelheim seinen Ausgang nimmt und durch eines der ältesten Naturschutzgebiete in Rheinland-Pfalz führt. Eine Tour, die – wenn das Wetter mitspielt – Weitsicht garantiert.

- Aussichtsplattform Heimbergturm, 55596 Schloßböckelheim
- ÖPNV: von Bad Kreuznach Bus 252, Haltestelle Schloßböckelheim

Glocken gegen die Teufel

62

Die Turmuhr in Neu-Bamberg

Vor Jahren noch sollte sie verschrottet werden, heute ist die Turmuhr der ganze Stolz der Gemeinde Neu-Bamberg vor den Toren der Stadt Bad Kreuznach. Ein handgefertigtes Prunkstück, das jede Stunde mit lautem Glockenschlag anzeigt. Im deutschen Südwesten ist der Zeitmesser eine Rarität. Ein seltenes Stück aus dem frühen 18. Jahrhundert, das alle 30 Stunden mit einer Kurbel neu aufgezogen werden muss. Dafür sorgt ein fleißiger Helfer, ein Kenner des komplizierten Uhrwerks.

Die Uhr ziert die Kandelpforte und ist Teil der alten Stadtmauer. Oben unter dem Dach des Uhrturms steht ihr Uhrwerk, ein großer Kasten: gut 1 Meter lang, 1 knappen Meter hoch und 55 Zentimeter breit. Rahmen, Zahnräder und Achsen der Radwelle sind handgeschmiedet, das Gehwerk mit einem Ankerhemmrad ausgestattet, das, von einem riesigen Pendel gesteuert, den Takt angibt.

Auf dem Walzenrad sitzt die Einstellscheibe mit ihren 78 Zähnen für die Auslösung der Stundenschläge. Das Walzenrad selbst, das sich einmal in der Stunde um die eigene Achse dreht, treibt über Zahnradschienen eine Stahlwelle, auf deren Ende ein Kardangelenk sitzt. Dieses wiederum bewegt eine senkrechte Holzwelle, die über zwei gleich große Räder letzten Endes den Stundenzeiger auf dem Zifferblatt führt. Einen Minutenzeiger hat die Turmuhr nicht. Der war zur Zeit ihrer Entstehung zwar schon erfunden, hätte die Konstruktion aber weiter verteuert. Angeblich kam die Uhr ihren Finanziers schon damals so teuer wie ein Wohnhaus.

Jahrhundertelang strukturierte die Turmuhr das Leben in Neu-Bamberg. Morgens um sieben rief sie zur Feldarbeit, um elf zur Mittagspause. Um eins hieß es wieder raus aufs Feld, um sechs dann Feierabend. Und bei Ausbruch eines Brandes diente sie als Feuermelder. Bis heute übrigens melden die Turmuhrglocken, wenn im Dorf jemand gestorben ist. Nach dem Volksglauben sollen so die Teufel vertrieben werden, die den Verstorbenen den Weg zum Himmel versperren.

TIPP

Jeden ersten Sonntag im Monat (März–Oktober) gibt es eine Ortsführung mit Besichtigung der Turmuhr.

- Kandelpforte, 55546 Neu-Bamberg, Tel. (01 70) 8 13 39 98
  www.neu-bamberg.com
- ÖPNV: von Bad Kreuznach Bus 224, Haltestelle Neu-Bamberg Dorfmitte

Kirche ohne Dorf

63

Eckweiler im Soonwald

Zu meinen Lieblingsorten zählt eine einsame Kirche im Soonwald, mitten im Grünen gelegen. Das evangelische Gotteshaus mit schiefergedecktem Glockenturm ist rund ein halbes Jahrtausend alt. Ein Hort der Ruhe, der meist nur noch an Sommersonntagen offensteht. Heute genießt er Denkmalschutz. Vor ein paar Jahrzehnten noch wollte man die Kirche abreißen, weil man ihre Umgebung aufgegeben hatte: ein ganzes Dorf mit knapp 300 Einwohnern. Eckweiler, so hieß das 1341 gegründete Gemeinwesen einmal, ist Geschichte, sein Name aus Landkarten und Navigationsgeräten getilgt. Unter den Wiesen um die Kirche liegt der Bauschutt wie unter einem grünen Teppich.

Anfang der 1980er-Jahre wurde das Dorf dem Erdboden gleichgemacht, ein Großteil der Bewohner zusammen mit den Bewohnern der Nachbargemeinden Pferdsfeld und Rehbach umgesiedelt. Geräumt haben die Menschen ihre Häuser nicht ganz freiwillig. Der ohrenbetäubende Lärm der neuen Jagdbomber vom Typ Phantom, die zum Teil mit Überschallgeschwindigkeit durch die Lande düsten oder in Baumwipfelhöhe über Eckweiler brausten, zwang die Einwohner damals aus Gesundheitsgründen zum Umzug. Die meisten fanden im benachbarten Bad Sobernheim eine neue Heimat, wo der Staat für sie eine eigene Siedlung schuf.

Keiner konnte bei der Umsiedlung ahnen, dass Deutschland schon ein Jahrzehnt später zusammenwachsen und die Flugzeuge in Mecklenburg-Vorpommern einen neuen Standort finden sollten. So betrachtet ist das denkmalgeschützte Gotteshaus heute eine Erinnerungsstätte. Vor allem aber ein Hort himmlischen Friedens, an dem die Bewohner von einst noch immer gern zusammenkommen. Am liebsten zu Füßen des gegenüber der Kirche stehenden großen Baumes, wo sie an Holztischen bei Kaffee und Kuchen gern von den alten Zeiten plaudern.

- Heilig-Kreuz-Kirche, Eckweilerstraße, 55566 Bad Sobernheim
- ÖPNV: von Bad Sobernheim Bus 278, Haltestelle Daubach Kirche, rund 30 Minuten Fußweg

Unter Tage unterwegs

64

Der Schmittenstollen in Niederhausen

In spannende Unterwelten eintauchen und gleichzeitig in rund 100 Metern Höhe über der Nahe wandeln? Das geht im Lemberg, einer der höchsten Erhebungen entlang des Flusses. Vor mehr als 250 Millionen Jahren formte die Erde auch an der Nahe große Magma-Dome, wie eben den Lemberg. In seinem Inneren liegt heute ein Besucherbergwerk, der Schmittenstollen. Jahrhundertelang wurde hier ungiftiges Zinnobererz abgebaut. Erhitzt auf 360 Grad wurde das Gestein zum wertvollen Quecksilber. Vielleicht stand es schon auf den Wunschzetteln der Römer, die auf dem Berg einst ihrem Gott Merkur huldigten. Später war es das auf der Ebernburg heimische Geschlecht von Sickingen, das hier ab dem späten 15. Jahrhundert Bergbau betrieb. Es war eine knüppelharte Arbeit unter Tage, bei der die Bergleute anfangs mit Schlägel und Eisen, einem Schlaghammer mit hölzernem Stil und einer Art Meißel, das kostbare Erz aus den Wänden schlugen – bei Temperaturen von rund 8 Grad Celsius und kaum Licht.

Zwischen dem 17. und 18. Jahrhundert, der zweiten Abbauperiode, ging es schon etwas moderner zu, noch mehr in den 1930er-Jahren bis zur endgültigen Schließung des Schmittenstollens während des Zweiten Weltkriegs.

Heute können Besucher in den inzwischen zum Teil wieder freigeräumten Stollen unterirdische Welten mit vielen Geheimnissen erleben. Ein rund 1-stündiger Rundgang führt durch die letzten Reste von über 15 Kilometer langen Stollengängen und Schächten im Lemberg. Erzählt wird viel Neues vom technischen Fortschritt im Bergbau und veränderten Arbeitsbedingungen. Zeitweise sollen bis zu 100 Leute hier gearbeitet haben, die in guten Jahren mehr als 10.000 Tonnen Erz förderten und per Seilbahn zum Weitertransport an die Nahe brachten.

Am besten erreicht man die Anlage vom Waldparkplatz Schmittenstollen aus, der über Feilbingert mit dem Auto zugänglich ist. Von dort führt ein 15-minütiger Fußweg zum Eingang. Alternative ist der anstrengendere, aber schöne Anmarsch vom Wanderparkplatz Niederhausen über die Nahe bergauf.

- Besucherbergwerk Schmittenstollen, L235, 55583 Niederhausen
  www.vg-ruedesheim.de/tourismus-freizeit/schmittenstollen
- ÖPNV: von Bad Kreuznach Bus 253, Haltestelle Niederhausen

Mythen aus dem Soonwald

65 Die Schinderhanneshöhle bei Auen

Manche Orte bereiten viel Vergnügen, wirken aber seltsam aus der Zeit gefallen. Sie erzählen von Mythen wie denen vom Schinderhannes. Unter diesem Namen nämlich war der Sohn eines Schinders – wie die Männer, die Tierkadaver verwerteten, einst hießen – bekannt geworden. Johannes Bückler hieß er amtlich, ein Dieb und Einbrecher. Ein Mehrfachtäter, wie man heute sagen würde, der jahrzehntelang sein Unwesen in der Naheregion trieb und im Lauf der Zeit sogar eine kleine Bande um sich scharte. Immer wieder konnte er den Strafverfolgern entkommen, teilweise durch spektakuläre Fluchten – bis ihm schließlich die Franzosen 1803 den Prozess machten und zum Tod verurteilten.

Was blieb, war die Legendenbildung, die man ständig befeuerte und die ihn zum „Robin Hood vom Hunsrück" verklärten. Immer neue Hütten und Höhlen wurden ihm zugewiesen, in denen er sich angeblich vor seinen Verfolgern versteckt haben soll. So wie die Schinderhanneshöhle im Hoxbachtal, wo er mit der Wirtin eines Gasthofs ein Techtelmechtel gehabt haben soll. Einen Gastronomen im Nachbarort inspirierte das rund 100 Jahre nach Bücklers Hinrichtung, in seiner Hotelbroschüre eine kleine Höhle als nachmittägliches Wanderziel auszuweisen. So entstand die „Schinderhanneshöhle" als legendärer Unterschlupf des populären Räuberhauptmanns, die schnell zum Ausflugsziel wurde. Die Höhle, genau betrachtet ein kleines Loch in steiler Felswand, war freilich nichts anderes als der Rest einer Bohrung nach Schiefer, Erzen oder Metallen, wie sie früher im Hunsrück üblich waren. Dass der Ort heute noch immer einen Ausflug wert ist, liegt an seiner Lage zu Füßen einer steilen Felswand und eines kleinen Baches. Kinder können mit den Eltern, ausgestattet mit Handy oder Taschenlampe, besser noch mit einer Stirnlampe, auf allen vieren in den feuchten und auch im Hochsommer immer kalten Mini-Stollen kriechen. Den ihm einst angedichteten Hinterausgang aber, aus dem Schinderhannes seinen Verfolgern immer wieder entkommen sei, werden sie noch immer vergeblich suchen.

TIPP

Zur Höhle führt auch die von Auen ausgeschilderte rund 20 Kilometer lange Vitaltour Willigisweg.

- Schinderhanneshöhle, am Kieselbach zwischen L 229 und L 230, Waldweg rechts oberhalb der ehemaligen Gaststätte Waldhaus Hoxmühle, 55566 Bad Sobernheim
- ÖPNV: von Bad Sobernheim Bus 278 (Rufbus), Haltestelle Hoxmühle

Wo Kobolde lauern

66 Die Steckeschlääferklamm im Binger Wald

Hoch recken sich die Bäume in den Himmel. Schattenspender, die man vor allem im Sommer schätzt. Dann auch ist das kleine Bächlein, der Hasselbach, dem man bergab Richtung Rhein folgt, oft nur ein Rinnsal. Dass das aber auch anders sein kann, verraten die vielen Holzbrücken, die man in der Steckeschlääferklamm zu queren hat. Ihr Name spielt darauf an, dass Wanderer ihre Wanderstöcke, mundartlich Stecke, meist am Boden schleifen, also schlääfe lassen. Irgendwo in der Mitte des rund 1 Kilometer langen Weges liegt ein Holzstamm quer über den Bach. Eine Balancierstange für Alt und Jung – ein Freudenspender, der viel Geschick verlangt. Da kann man Papa und Mama schon mal zeigen, was Selbstbewusstsein heißt!

Genau betrachtet ist die Steckeschlääferklamm ein Abenteuerspielplatz. Ein Revier zum Üben, um auch in etwas schwierigerem Gelände zurechtzukommen. Doch keine Angst, nichts hier ist alpin oder gar gefährlich. Allenfalls nach starken Regenfällen oder im feuchtkalten Winter ist die Klamm auch ein rutschiges Pflaster – ein Abenteuerspielplatz eben!

Mehr noch als sportlichen Ehrgeiz aber weckt die Klamm im Binger Wald Entdeckungsfreude. In mehr als einem halben Hundert Baumstämmen und -stümpfen nämlich halten sich kleine oder große Geister versteckt. Grimmig dreinblickende Kobolde und schelmisch grinsende Gespenster. Hinter jeder neuen Kurve lauern sie, warten darauf, erkannt zu werden. Da kann die Klamm schnell zum Glücksort werden!

Am Eingang zur Klamm gibt es einen Wanderparkplatz, der von Bingerbrück aus in rund 20 Autominuten zu erreichen ist. Im Binger Vorort Weiler biegt man rechts Richtung Altes Bergwerk Waldalgesheim ab, von wo es bis zum Parkplatz Walderlebnispfad weitergeht. Von dort führt links die Straße 1 Kilometer zum Wanderparkplatz Steckeschlääferklamm. Fußgänger nehmen von Bingerbrück aus den Weg durch den Stadtwald zur Klamm.

- Steckeschlääfferklamm, 55413 Weiler bei Bingen
  www.bingen.de
- ÖPNV: RB 26, Haltestelle Trechtingshausen, rund 5 Kilometer Fußweg

Aus Alt mach Neu

67 DENKMALz in Bad Sobernheim

Zum Kloster Disibodenberg gehörte längere Zeit auch eine spätgotische, vermutlich der Gottesmutter geweihte Kapelle in Sobernheim. Als die Pfalz protestantisch wurde, geriet das Kloster in die Hände der Pfalzgrafen, welche die Kirche Mitte des 16. Jahrhunderts profanisierten und aus der Kapelle ein Speicherhaus machten. Um dort mehr Platz zum Lagern zu schaffen, zog man im Langhaus der Kapelle einen neuen Boden ein, der den einmaligen Dachstuhl noch mehr zur Geltung brachte. Ein Meisterstück der Zimmermannskunst, das heute Kulisse eines Ortes ist, in dem man auch standesamtlich heiraten kann.
Inzwischen nämlich ist in die mittelalterlichen Lagerräume ein Restaurant samt Brauerei eingezogen, dessen Name Programm ist: DENKMALz. Denn im denkmalgeschützten Bau mit dem gotischen Eingangsportal – besonders sehenswert die Kreuzigungsgruppe – wird Malz zu süffigen Craftbieren verarbeitet. Jedes Vierteljahr, so heißt es in Bad Sobernheim, kommt aus den Edelstahltanks der Kapellenbrauerei ein neues auf den Markt.
Deren geschmackliche Vielfalt nutzt auch der erfahrene Maître in der Küche, der im Chor der alten Kapelle unterm Kreuzgewölbe mit seinen Schlusssteinen gehobene Küche samt passender Biere serviert. So krönt die zart geschmorten Schweinebäckchen mit Kartoffelstampf das „Dunkle" aus der Hausbrauerei, die gebratenen Lammfilets in Rosmarinjus ein Märzenbier. Zum mild gebeizten Saibling mit Roter Bete und Passionsfrucht passt der „Wilde Ginger" und manches Craftbier gewinnt als Sorbet ganz neue Gestalt. Da ist der Gaumen gefordert!
Reine Biertrinker kommen im benachbarten Biergarten auf ihre Kosten, wo Besuchern zu den Kostbarkeiten aus der Kapellenbrauerei, direkt aus dem Fass ausgeschenkt, auch Burger und andere Kleinigkeiten serviert werden.

TIPP

Lohnend ist der Abstecher ins DENKMALz nach einem Besuch des Barfußpfades oder des Freilichtmuseums.

- DENKMALz Disibodenberger Kapellenbrauerei, Kapellenstraße 5, 55566 Bad Sobernheim, www.denkmalz.de
- ÖPNV: RB 33, Haltestelle Bahnhof Bad Sobernheim, rund 5 Minuten Fußweg

Mystisch schön

68 Auf dem Disibodenberg bei Odernheim am Glan

Ein mystischer Ort! Wo heute Besucher im romantischen Parkgelände und zwischen den Mauern der Klosterruine herrlich der Welt entrückt sind, fand bereits im Jahr 650 der Wanderprediger Disibod den perfekten Rückzugsort. Als Einsiedler ließ er sich deshalb dort nieder, woran heute noch der Name des Hügels über der Nahe erinnert. Rund ein halbes Jahrtausend später errichteten Benediktiner auf dem Disibodenberg schließlich eine Kirche, deren Grundriss noch heute gut zu erkennen ist. Auf dem Klostergelände stand eine Zeit lang auch eine Frauenklause, deren bekannteste Bewohnerin die später heiliggesprochene Hildegard ist, die vielleicht populärste Frau des Mittelalters. Erst 200 Jahre später aber erhob sie der Papst zur Kirchenlehrerin.

Fast 4 Jahrzehnte war Hildegard auf dem Disibodenberg zu Hause. Architektonische Akzente setzten die Zisterzienser, die das Kloster im Hochmittelalter übernahmen und es mit vielen neuen Bauten schmückten. Zu den schönsten zählt das Refektorium, dessen eindrucksvolle Reste noch heute faszinieren. Große Teile des Klosters allerdings wurden Anfang des 19. Jahrhunderts in Häusern an der Nahe verbaut, nachdem im Gefolge der Französischen Revolution das Kloster versteigert und geplündert worden war. Inzwischen ist das Klostergelände archäologisch erschlossen und noch immer ein Ort, an dem die Seele ein bisschen ruhen kann. Dabei helfen die Weisheiten der Heiligen Hildegard, die auf Tafeln entlang eines Rundwegs durch das Gelände stehen. Der Disibodenberg ist kein Ort für eine Stippvisite, um schnell ein weiteres Highlight abzuhaken. Wer spüren will, was den Ort seit Jahrhunderten ausmacht, sollte sich ein bisschen länger auf ihn einlassen. Beim kleinen Picknick im Schatten der vielen Bäume – oder auch beim Yoga, das inzwischen auf dem Disibodenberg angeboten wird. Auch Hildegard hätte daran vielleicht ihren Spaß gehabt. Schließlich stammt von ihr die Erkenntnis, dass „der Seele Freude ist, im Leibe wirksam zu sein". Deshalb, so Hildegard weiter, sollte sich jeder Mensch hüten, „durch zu viel Arbeit seinen Leib zu töten". Das zu beherzigen, lehren solche Orte der Einkehr.

TIPP

Das Klostermuseum ist von Ostern bis Oktober Samstag (12–18 Uhr) und Sonntag (11–17 Uhr) geöffnet.

- Klosterruine Disibodenberg, 55571 Odernheim am Glan, Tel. (01 71) 9 44 92 55
  www.disibodenberg.de
- ÖPNV: RB 33, Haltestelle Bahnhof Staudernheim, rund 25 Minuten Fußweg

Standortvorteil

69 Die Alte Nahebrücke in Bad Kreuznach

Es ist die Ponte Veccio, die Florenz weltberühmt machte. Eine mittelalterliche Brücke über den Fluss Arno, vollgepackt mit kleinen Schmuckläden. Noch länger ist die Krämerbrücke im thüringischen Erfurt, auch sie ein Hort von Brückenhäusern und längst städtisches Erkennungsmerkmal. Auch in Bad Kreuznach hat man die Nahe mit einer steinernen Doppelbrücke überspannt. Sie stand auf mächtigen Pfeilern und war zugleich Teil der Stadtmauer. Obwohl die Brücke nicht bebaut werden durfte, wurden auf ihre Pfeiler ab Ende des 15. Jahrhunderts Häuser gesetzt – damals der Raumnot in der ummauerten Stadt geschuldet. Diese Häuser reiften im 19. Jahrhundert schließlich zum Wahrzeichen der Stadt.

Erste Bauherren waren Kaufleute. Schließlich gehörte die Nahebrücke, die zwei Fernstraßen miteinander verband, einmal zu den meistfrequentierten Orten der Region. Ein Geschäft dort war also in bester Lage. Standortvorteil nennt man das heute!

Abgeschlossen aber wurde die Bebauung der Brücke erst Mitte des 18. Jahrhunderts mit der Errichtung eines Gefängnisses samt Wachhaus. Schreckliche Hochwasser, dramatischen Eisgang und verheerende Kriege hat die Brücke jahrhundertelang überstanden. Nicht aber die Sprengung durch deutsche Soldaten, die mit dem Verzweiflungsakt gegen Ende des Zweiten Weltkrieges die amerikanischen Truppen auf ihrem Vormarsch Richtung Rhein aufzuhalten suchten. Gott sei Dank blieb der Brückenteil über den Mühlenteich mit den Häusern aus dem 16. und 17. Jahrhundert erhalten, die sich heute besonders romantisch präsentieren – abends sogar in feines Licht getaucht. Den besten Blick auf die alten Bauten hat man von der Geißenbrücke am Mühlenteich. Noch schöner ist für viele der von der Kirschsteinanlage aus, der Brückenhäuser und Pauluskirche vereint. Zum Glück haben Wahrzeichen ja oft aus vielen Richtungen ihre eigenen Facetten!

● Nahebrücke mit Brückenhäusern, Mannheimer Straße 94–98, 55743 Bad Kreuznach, www.bad-kreuznach-tourist.de

10
3
www.naheboote.de

Wo's funkelt und glitzert

70 Das Deutsche Edelsteinmuseum in Idar-Oberstein

Stein ist nicht gleich Stein. Dass manche „a girl's best friend" sind, wie Marilyn Monroe die edelsten im Kultfilm „Blondinen bevorzugt" besang, liegt am Schliff. An der Kunst der Schleifer, die ihnen jenen Glanz verleihen, der ihnen die Natur oft versagt. Sie sind die Meister, die Leben in die toten Steine zaubern. Magier, die wissen, wie man Herzen erobern kann. Wertschöpfer, von deren Arbeit vor allem farblose Steine wie Diamanten besonders profitieren.

Mehrere Tausend ihrer Schmucksteine erzählen in einer stilvoll restaurierten Gründerzeit-Villa in Idar-Oberstein heute auf drei Etagen aus ihrer Geschichte. Funkelnde Originale neben kunstvollen Objekten, die ihren Glanz noch einmal potenzieren. Prachtexemplare aller weltweit vorkommenden Edelsteinarten präsentieren sich im ersten Obergeschoss des Hauses. Einen Stock höher finden sich antike Steinskulpturen neben einer stets wachsenden Kollektion kunstvoller Gemmen und Gefäße. Es sind fast allesamt Meisterstücke Idar-Obersteiner Handwerkskunst, respektable Schönheiten aus regionalen Edelsteinschleifereien und Gravurwerkstätten. Glanzstücke im wahrsten Wortsinn, an denen man sich kaum sattsehen kann. Edle Steine aus allen Regionen der Welt, die seit dem 15. Jahrhundert an der Nahe zu wertvollen Schmucksteinen wurden. Idar-Obersteins Museum aber klärt den Besucher auch darüber auf, dass nicht alles Edelstein ist, was glänzt. Wie man die natürlichen Farben künstlich verändern oder teure Steine durch billigen Strass ersetzen kann. Das alles ist schön in Szene gesetzt, arrangiert im Stil eines Märchenbuches, das von der großen Liebe zu kleinen Steinen erzählt. Von den Träumen und Sehnsüchten zahlloser Menschen, die in vielen 100.000 Jahren die edlen Steine zu lieben gelernt haben.

- Deutsches Edelsteinmuseum, Hauptstraße 118, 55743 Idar-Oberstein, Tel. (0 67 81) 90 09 80, www.edelsteinmuseum.de
- ÖPNV: von Idar-Oberstein Bus 301, Haltestelle Diamant- und Edelsteinbörse

Zur Jungfrau mit dem Bart

71 Die katholische Pfarrkirche in Dietersheim

Die meisten, die Dietersheims neugotische Pfarrkirche besuchen, kommen wegen der schönen Altäre, den mittelalterlichen Figuren mit den beiden Kirchenpatronen Gordian und Epimachus oder der ornamentalen Ausmalung von Wänden und Decken. Dabei schaut gleich am Eingang eine ans Kreuz genagelte bärtige Figur auf die Besucher, die sie gewöhnlich für den gekreuzigten Gottessohns halten. Wer genauer hinblickt, aber entdeckt unter ihrem Gewand zarte Wölbungen im Brustbereich, die den Mann am Kreuz zur Frau machen: zur Volksheiligen Wilgefortis, die in vielen Ländern Europas verehrt wird, obwohl es sie vielleicht gar nicht gegeben hat.

Wilgefortis, heißt es im Handwörterbuch des Deutschen Aberglaubens, „wird in allen Herzens-, Leibes- und Seelennöten angerufen, weshalb sie hin und wieder auch unter den 14 Nothelfern erscheint." Im Volksglauben verkörpert die bärtige Jungfrau eine Königstochter, die sich mit Leib und Seele Christus verschrieben hatte. Als sie verheiratet werden sollte, bat sie Gott deshalb, dass er sie hässlich mache, woraufhin ihr ein Bart wuchs. Sehr zum Ärger ihres heidnischen Vaters, dem sie sich als Mannweib zeigte. Nachdem sie sich ihm auch noch als Christin geoutet hatte, ließ er sie kreuzigen.

Spätmittelalterlicher Spiritualismus und Mystik beförderten die Popularität dieser Story, in deren Rahmen Christus keinem Geschlecht mehr zugeordnet, sondern als Verkörperung grenzenloser Liebe angesehen wurde. Auffallend oft bei ihren Darstellungen trägt Wilgefortis nur einen Schuh. Er verweist auf eine andere Geschichte, nach der ein Spielmann vor Wilgefortis musizierte und zum Dank einen ihrer goldenen Schuhe erhielt. Als Schuhdieb verurteilte man den Musikus daraufhin zum Tod. Nur weil ihm die Frau mit dem Bart bei einem erneuten Besuch auch den zweiten Schuh zuwarf, konnte er schließlich seine Unschuld beweisen. Wie beliebt diese Geschichte war, zeigte sich noch Jahrhunderte später, als sie die Brüder Grimm in ihre Sagensammlungen aufnahmen.

- Sankt Gordianus und Epimachus, Zur Mühle, 55411 Bingen-Dietersheim, Tel. (0 67 21) 4 28 27
- ÖPNV: von Bingen Bus 601, Haltestelle Dietersheim Kirche

Der ausgetrickste Teufel

72 Burgruine Rheingrafenstein in Bad Münster am Stein

Er gehört zu den mächtigsten Felsen an der Nahe. Ein steinerner Brocken wie aus dem Bilderbuch! Romantische Maler faszinierte er einst ebenso wie heute Tausende von Handynutzern. Stolz verschicken sie sein Abbild in alle Welt: das Bild zweier schroffer Porphyrfelsen mit der Nahe zu ihren Füßen. Von der alten Burg, die den Rheingrafenstein einst krönte, aber wissen nur die wenigsten. Denn von ihr zeugen nur noch Ruinen. Errichtet wurde die Burg wahrscheinlich Mitte des 11. Jahrhunderts auf dem damals „Huhinstein" genannten Felsen. „Herren vom Stein" hießen ihre ersten Besitzer. Generationen später übernahmen die „Rheingrafen vom Stein" die Burg, die dem Felsen schließlich ihren heutigen Namen gaben.

Angeblich, so verheißt eine alte Sage, war der Satan Burgbaumeister, was man sich angesichts ihrer Lage gut vorstellen kann. In nur einer Nacht, so die Erzählung, habe der Teufel die Burg auf den Berg gepflanzt. Als Lohn forderte er vom Burgherrn die Seele dessen, der zuerst durch das Burgfenster auf die Nahe schaue. Ein Preis, der dem Burgherrn zu hoch war. Seine schlaue Gattin aber wusste Rat. Beim Bezug des neuen Gemäuers nahm sie einen Esel mit, der seinen Kopf, bedeckt mit einem Barett, wie es die Geistlichen einst trugen, schließlich aus dem Fenster streckte. Freudig soll der Teufel seine Beute aus dem Fenster gezogen haben, ehe er erkannte, dass man ihn ausgetrickst hatte. Wütend versenkte er das Grautier in der Nahe.

TIPP

Der Fels ist von Bad Münster mit der Fähre und über einen steil ansteigenden Wanderweg zugänglich.

Im Jahr 1620 kam das Böse in Gestalt des spanischen Feldherrn Spinola zurück, der im Rahmen der Glaubenskriege den Rheingrafenstein eroberte. Noch schlimmer kam es 1689, als der gefürchtete General Melac im Auftrag des französischen Sonnenkönigs Ludwig XIV. während des Pfälzischen Erbfolgekrieges die Burg sprengte. Zurück blieben Ruinen. Seitdem, so heißt es, habe man den Teufel nicht mehr am Rheingrafenstein gesehen. So kann Glück auch aussehen!

- Burgruine Rheingrafenstein, Berliner Straße 16, 55583 Bad Kreuznach (im Winter Zugang über die Speckerbrücke in Ebernburg)
- ÖPNV: von Bad Kreuznach RE 3, Haltestelle Bahnhof Bad Münster

Fake News aus der Abtei

73 Die ehemalige Klosterkirche in Sponheim

Steil führt eine Treppe aus Sponheims Mitte zur mächtigen Kirche über dem Dorf. Gewaltige Sandsteinquader haben ihre Bauherren Anfang des 12. Jahrhunderts dort zu einem Hort des Glaubens aufgeschichtet, der mehr einem Dom als einer Kirche gleicht. Romanik vom Feinsten ist das, wie man sie im Hunsrück sonst kaum mehr findet. Eindrucksvoll ist die mächtige Kuppel, achtseitig der Turm. Die Apsis gehört zu den ältesten Teilen der dem Heiligen Martin und der Gottesmutter geweihten Kirche, die zahlreiche Brände ebenso überlebt hat wie Plünderungen. Sie ist das Schmuckstück der ehemaligen Klosterkirche. Minimalistische Architektur, die wegen der fast puristischen Ausstattung besonders zur Geltung kommt. Schließlich haben von der einstigen Ausstattung der ehemaligen Klosterkirche nur ein paar Grabplatten und ein Sakramentsschrein aus dem Mittelalter überlebt. Das hat ihre heutige Wirkung eher befördert!

Zum Glücksort hat die Kirche Johannes Trithemius gemacht. Der Moselaner mit grandiosen Managerqualitäten wurde 1483 zum Abt des Benediktinerklosters erwählt. Ein Universalgelehrter, der nie eine Universität besucht hatte, das hoch verschuldete Kloster aber schnell sanierte. So wie die Klosterbibliothek, die anfangs kein halbes Hundert Bücher besaß, schon bald aber Tausende. Deshalb kamen wissensdurstige Humanisten, Bischöfe oder Kurfürsten gern nach Sponheim. Kaiser Maximilian I. (1459–1519), ein Habsburger, wollte vom Abt sogar seine Familiengeschichte geschrieben haben. Die allerdings schönte Trithemius mit erfundenen Chronisten. Auch andere Geschichtsfälschungen wie die Annalen des Klosters Hirsau stammten aus der Sponheimer Fake-News-Werkstatt. Kein Wunder, dass manches Trithemius-Buch auf den päpstlichen Index verbotener Bücher geriet. Zu seinen Bestsellern wurde ein Kompendium, mit dessen Hilfe man Texte durch die Verschiebung und Kodierung von Buchstaben verschlüsseln konnte. So wurde aus „DIESER KLARTEXT IST JETZT ZU VERSCHLUESSELN“ die Buchstabenfolge „DKGXIY QSIBEQIH ZIL BWOTQ XT VFTXGNRCNCDQZB“.

TIPP

Themenführungen folgen den Spuren des Abtes Trithemius, Tel. (01 70) 4 68 00 34.

● Ehemalige Klosterkirche Sponheim, Klosterhof 1, 55595 Sponheim
www.klosterkirche-sponheim.de
● ÖPNV: von Bad Kreuznach Bus 255, Haltestelle Alte Abtei

Auf Hochglanz

74

Die Edelsteinschleiferei im Fischbachtal

Zu wahrem Glanz verhelfen Edelsteine erst die Schleifer. Ihre Arbeit erledigen heute gewöhnlich Maschinen. In den Zeiten davor war der Achatschliff in der Regel mühsame Handarbeit. Bäuchlings auf einem sogenannten Kippstuhl liegend drückten die Schleifer ihre edlen Steine kraftvoll gegen den rotierenden Schleifstein. Häufig in Schleifmühlen, deren Wasserräder jahrhundertelang die Energie zu ihrer Verarbeitung lieferten.

Das alles ist freilich Geschichte. Zum Glück nicht ganz, arbeitet Ernstotto Biehl doch noch immer wie früher – in vierter Generation nun schon, nach alter Väter Sitte sozusagen. Sein Mühlrad speist der Fischbach, ein Nebenfluss der Nahe, an dem noch Mitte des 19. Jahrhunderts 38 Edelsteinschleifen standen. Das Wasserrad treibt einen uralten Generator, der den passenden Strom erzeugt, um den Schleifstein in Bewegung zu halten und für Licht zu sorgen. Über 100 Jahre alte original Kohlefaden-Glühlampen von Edison lassen in Biehls Werkstatt zudem die Herzen aller Nostalgiker höherschlagen. Wer will, kann Ernstotto Biehl bei seiner Arbeit zusehen. Denn im Gegensatz zu Museumsschleifereien wird hier noch täglich produziert: werden Edelsteine geschnitten, geformt, geschliffen und poliert. Aus rohen Steinen entstehen so funkelnde und glitzernde Glücksbringer. Es ist der Einblick in eine Arbeitswelt, die eigentlich längst untergegangen ist. „Ganz so wie die Tante-Emma-Läden", sagt der Firmenchef, dessen Sohn den Betrieb einmal übernehmen soll. Interesse am Schleifen hat er, sagt der Vater. Leben aber, schiebt er nach, kann man davon nicht mehr. Gerade deshalb freut er sich über jeden, der seine Arbeit schätzt. Zu besichtigen ist die Mühle fast immer.

TIPP

Für Führungen am besten anrufen, damit der Chef zu Hause ist und sich Zeit nimmt!

- Alte Edelsteinschleiferei Ernstotto Biehl, Asbacherhütte 3, 55758 Mörschied, Tel. (0 67 86) 15 05, www.alte-edelsteinschleiferei.de
- ÖPNV: von Idar-Oberstein Bus 850, Haltestelle Mörschied

Zu den Raugrafen

75 Auf die Altenbaumburg in Altenbamberg

Wo die Alsenz in die Nahe mündet, thront die Ebernburg. Ein mächtiger Bau, der Geschichte schrieb. Zum Teil aus Steinen geformt, die einer Festung talaufwärts entstammten: der Altenbaumburg. Sie war Stammsitz der Raugrafen, ein mittelalterliches Adelsgeschlecht. Viel weiß man nicht über sie, auch nicht über die Ursprünge ihrer Burg, die heute zu den großen pfälzischen Burgruinen zählt.

Von der alten Anlage am besten erhalten haben sich die Mauern. Bis zu 15 Metern sollen sie einmal hoch gewesen sein, um die Burg vor feindlichen Angriffen zu schützen. Genutzt haben sie offenbar nicht viel, waren doch schon Ende des 15. Jahrhunderts große Teile unbewohnbar und im Verfall begriffen. Allerdings muss man zugeben, dass die Burg nach dem Bau der strategisch besser gelegenen Ebernburg Anfang des 14. Jahrhunderts an Bedeutung verloren hatte und mit dem Aussterben der Raugrafen immer wieder neue Herren fand, die sich wenig um ihren Erhalt kümmerten. Endgültig zerstört wurde die Altenbaumburg schließlich im Pfälzischen Erbfolgekrieg durch französische Truppen.

Rund 300 Jahre später sanierte der neue Eigentürmer die Ruinen aus drei separaten Anlagen. In der Oberburg steht noch ein Mauerstück vom Burgturm, der nach einem Kupferstich aus dem frühen 17. Jahrhundert bis zu 40 Meter hoch gewesen sein könnte. Von der Mittelburg blieb die Giebelwand eines Hauses samt einiger Spolien übrig.

Wanderer können die Burg auf mehreren, zum Teil auch steilen Pfaden von Bad Kreuznach oder Bad Münster am Stein-Ebernburg aus erreichen. Im Internet finden sich dazu viele Vorschläge. Und natürlich ist die Altenbaumburg auch über einen zum Teil schmalen, aber asphaltierten Fahrweg zu erreichen.

Am besten erhalten ist die gotische Unterburg, in der heute das Burgrestaurant Platz gefunden hat und an 5 Tagen der Woche zur Rast lädt. Zu gebackenem Camembert, Maishähnchen und Schnitzel – oder zum „Raugraf-Conrad-Salat“, einem großen Salatteller mit Schafskäse und Oliven.

- Burgrestaurant Altenbaumburg, Altenbaumburg 1, 55585 Altenbamberg www.altenbaumburg.de
- ÖPNV: von Bingen oder Kaiserslautern RB 65, Haltestelle Altenbamberg, rund 15 Minuten Fußweg

Gesundes Wasser

76 Kurmittelhaus Bad Münster am Stein-Ebernburg

Kuren, das war einmal ein gesellschaftliches Ereignis – so wie heute für viele Zeitgenossen der Urlaub auf Sylt. Und für manche Dame auch ein kleines Abenteuer. Mancherorts, so heißt es, hätte sich im 19. Jahrhundert die eine oder andere emanzipierte Gattin im Ehevertrag vom Gatten schriftlich garantieren lassen, einmal im Jahr zur Kur fahren zu dürfen, natürlich ohne ihren Mann. „Beim Baden", wusste auch Goethe, der große deutsche Dichter, „sei die erste Pflicht, dass man sich nicht den Kopf zerbricht und dass man höchstens nur studiere, wie man das lustigste Leben führe."

Kein Wunder, dass die Bade- und Kurmittelhäuser fast überall in Europa zum geselligen Treffpunkt wurden. Zu Gute-Laune-Tempeln, deren Architektur und Ambiente für passendes Flair sorgen sollten. So wie in Bad Münster am Stein, wo man für die Kurenden Anfang des 19. Jahrhunderts ein sehenswertes Fachwerkensemble schuf. Ein Bäderhaus mit geschwungenen Giebeln und Dächern, das noch immer ein Schmuckstück ist. In nur 9 Monaten wurde es damals gebaut, worüber man dieser Tage nur staunen kann. Am Ende stand ein Ensemble aus Formen des Jugendstils und des damals modischen Heimatstils, der auf ländlicher und regionaler Architektur basierte.

TIPP
Hunger und Durst stillt das Café im Kurmittelhaus.

Heute kann man im Kurmittelhaus vor der eindrucksvollen Kulisse des Rheingrafensteins das Wasser der schon 1478 erstmals erwähnten Heilquellen in Bad Münster am Stein trinken. Große Bedeutung erlangten die aber erst Mitte des 19. Jahrhunderts, als sie der preußische Staat übernahm. Der auch richtete schließlich den Badebetrieb ein, der später kommunalisiert wurde. Seine gesundheitsfördernde Wirkung verdankt das Wasser übrigens Stoffen wie Radium, Jod, Brom, Lithium, Natrium und Chlor. Es wird aus drei Quellen mit einer Temperatur von rund 30 Grad aus der Tiefe gefördert. Nostalgischen Charme versprüht die Inneneinrichtung der Trinkhalle mit ihren sehenswerten Mosaiken.

● Kurmittelhaus und Café im Kurpark, Salinenhof 2, 55583 Bad Münster am Stein-Ebernburg, www.bad-muenster-am-stein.de
● ÖPNV: RB 65 oder RB 33, Haltestelle Bahnhof Bad Münster

KURPAVILLON
FAHRE HUTTENTAL

Felsen neben der Autobahn

77

Das Trollbachtal bei Münster-Sarmsheim

Bis zu 15 Meter hoch türmen sich die Trollfelsen am Rande der Gemeinde Münster-Sarmsheim. Sie liegen mitten im Naturschutzgebiet Trollmühle, das auch dem gleichnamigen Autobahn-Parkplatz schräg gegenüber seinen Namen gegeben hat. Wer schon mal auf der linksrheinischen Autobahn A61 vom Autobahndreieck Hockenheim Richtung niederländische Grenze unterwegs war, kennt ihn vielleicht. Schließlich beginnt am Parkplatz, der gleich hinter der langen Brücke über die Nahe liegt, der Aufstieg in den Hunsrück. Dorsheim heißt die erste Abfahrt nach dem Parkplatz, das Tor zum Trollbachtal.
Quer durch die von der Sonne verwöhnten Weinberge führen Spazierwege durch das Naturschutzgebiet, das sich von Rümmelsheim über Burg Layen bis Münster-Sarmsheim streckt. Durch eine Landschaft, in der sich alle Pflanzen besonders wohl fühlen, die Wärme lieben. So wie im Umkreis der Trollfelsen, die einen der angeblich trockensten und heißesten Punkte in Rheinland-Pfalz markieren. „Nikolaus", „Kamel", „Kaffeekanne" oder „Eierfelsen" hat der Volksmund die auffälligsten Steinklötze der Gegend wegen ihrer Formen getauft. Es sind Überbleibsel aus der Zeit des Perm. So heißt jener Abschnitt der Erdgeschichte vor über 250 Millionen Jahren, in dem das bislang größte Artensterben stattfand und sich vulkanische Gesteine aus dem Hunsrück hier ablagerten. Besonders widerstandsfähige übrigens, die sich Millionen Jahre gegen jede Verwitterung stemmten. Kletterer und Freunde des Boulderns wissen das heute besonders zu schätzen. Glücksgefühle im Trollbachtal aber kennen übrigens auch die Botaniker, die viele seltene Pflanzen im Naturschutzgebiet gezählt haben, darunter allein über 200 verschiedene Moosarten.

TIPP

Von Rümmelsheim führt ein Weg am Trollbach entlang in rund 40 Minuten bergab nach Münster-Sarmsheim.

● Trollfelsen, K1, 55424 Münster-Sarmsheim
www.muenster-sarmsheim.com

● ÖPNV: von Bingen oder Bad Kreuznach Bus 234, Haltestelle Münster-Sarmsheim oder Rümmelsheim

Nostalgie auf Schienen

78

Im Feldbahnmuseum in Guldental

Für eine Handvoll Enthusiasten in Guldental bei Bad Kreuznach, der Heimat der ehemaligen Bundeslandwirtschaftsministerin und Weinkönigin Julia Klöckner, sind Feldbahnen das liebste Freizeitrequisit. In ihrem Museum stehen fast ein halbes Hundert alter Lokomotiven und Wagen, die von Ostern bis Oktober gewöhnlich samstagmittags auch in Bewegung kommen. Dann kurven die Minibahnen auf schmalen Schienen durchs Gelände, an Weinbergen und am Campingpark Lindelgrund vorbei bis zu einem alten Steinbruch.
Die Bahn ist der Lebenstraum der Familie Faust, deren Vorfahren vor fast 250 Jahren in Guldental mit dem Abbau von sogenanntem Formsand begann, wie ihn damals die Metallgießer brauchten. Aus ihrer letzten Sandgrube wurde schließlich der Campingpark Lindelgrund, eine große Anlage für Camper und Zelter. Eine ihrer Lokomotiven, mit denen sie einst den Sand zum nächsten Bahnhof schafften, war schließlich Ansporn, nach weiteren Feldbahnen Ausschau zu halten. Im Lauf der Jahre sammelten sich so zahlreiche Schmalspurloks, für die letztlich neue Gleise gelegt wurden – auf 2 Kilometern rollen jetzt die Loks mit ihren Loren. Die meisten ziehen Dieselloks.
Alle Schienenveteranen können in Guldental nicht nur bestaunt und betrachtet, sondern auch angefasst werden – ein Glücksfall für alle, die kleine Loks und Wägelchen lieben. Feldbahnen waren früher übrigens auch gewichtige Helfer beim Wiederaufbau der Bundesrepublik, als nach dem Zweiten Weltkrieg mit den kleinen Bähnchen und ihren Anhängern Millionen Tonnen Schutt aus den zerstörten Städten transportiert wurden. Angesichts modernster Hochgeschwindigkeitszüge aber sind die Fahrten mit der Feldbahn heute meist pure Nostalgie. Sie gleichen Ausflüge in Zeiten, in denen Tempo noch keine große Rolle spielte und man froh war, dass ein rollender Helfer das Lastenschleppen abnahm. Zuverlässig und immer verfügbar waren die Feldbahnen einst unterwegs, die treusten Seelen im Transportgewerbe!

- Feldbahnmuseum im Campingpark Lindelgrund, Im Lindelgrund 1, 55452 Guldental
www.lindelgrund.de/feldbahnmuseum_guldental.html
- ÖPNV: von Bad Kreuznach Bus 240, Haltestelle Guldental

Gefühlt im Himmel

79 Panoramaschaukel zu Füßen der Ebernburg

Zu Füßen der Ebernburg leben Kindheitsträume auf, denn eine Panoramaschaukel katapultiert Glücksuchende ins Bilderbuchland – vor allem spätnachmittags, wenn die Sonne die mächtigen Felswände des gegenüberliegenden Rotenfelses in warmes Licht taucht und der Blick in die Weite die Seele beflügelt. „Swing the world" heißt es dann neudeutsch, was einem Platzverweis für Kummer und Sorgen gleichkommt. Auf der Weitblickschaukel nämlich können die Augen baden, die Füße einmal ruhen und der ganze Körper sich entspannt an die Liege schmieden. Ergonomisch ganz anders als die früher gewohnten Wald- und Parkbänke, die nach einiger Zeit fast jeden Knochen spüren ließen.
Platz für zwei oder noch mehr bietet die Schaukel, die kulturgeschichtlich betrachtet eine Art Ökovariante der alten Hollywoodschaukel ist. Die brachte einst ein bisschen Dolce Vita ins Leben der Deutschen, welche die Schaukeln in Kino- oder Fernsehfilmen kennenlernten, wo sie dem Small Talk als smarte Kulisse dienten und als Freizeitmöbel mit Entspannungspotenzial zum Kultobjekt wurden.
Ein halbes Jahrhundert später haben die Schaukeln jetzt die Touristiker entdeckt, die sie sich als neue Besuchermagneten gern sponsern lassen. Auch die neuen Panoramaschaukeln sind dem Lebensgefühl verpflichtet, der kurzen sorglosen Auszeit. Luxusexemplare wie das zu Füßen der Ebernburg haben sogar Ablagen, auf denen die Flasche Wein samt Gläsern ebenso Platz hat wie kleine Picknickkörbe. Den eigentlichen Reiz der Weitblickschaukeln aber macht die Natur ringsum aus. Sie versöhnt den Menschen mit jenem Teil des Lebens, der oft zu kurz kommt. Sanft schaukelnd und in die Weite blickend glaubt man zu Füßen der Ebernburg manchmal, dem Himmel ein Stück näher zu kommen – oder gefühlt gar schon dort zu sein.

TIPP

Auch anderswo in der Naheregion wie in Windesheim und Wallhausen stehen inzwischen Panoramaschaukeln.

- Panoramaschaukel, u.a. an der Ebernburg, nahe des Denkmals für Franz von Sickingen und Ulrich von Hutten, 55583 Bad Kreuznach
- ÖPNV: von Bad Münster Bus 201, Haltestelle Ebernburg Mitte

Auch Flüsse sind endlich

80 Die Nahemündung in Bingen

Für die meisten ist es nur ein schöner Blick zum Binger Loch. Eine romantische Bilderbuchkulisse, gesäumt von Hunsrück und Taunus, an deren Hängen sich Wälder und Weinberge schmiegen. Mittelalterliche Burgen und Zollstationen wie der Mäuseturm zeugen von Zeiten, als sich der Rhein hier nur mühsam durchs Gebirge zwängen konnte. Als die Fahrrinne noch nicht freigesprengt war und manches Schiff deshalb vorsorglich seine Lasten aus- und erst nach Passieren der Engstelle wieder einlud.

Die Nahemündung aber ist mehr als Kulisse. Hier nämlich findet die Nahe den Rhein, der mit dem Zusammenfluss vom Ober- zum Mittelrhein wird. Zum Erwachsenen, wenn man so will. Und der kann das Wasser der Nahe – immerhin fast 30 Kubikmeter pro Sekunde – auf seinem kurvenreichen Weg Richtung Norden gut gebrauchen. Mit der Nahe zündet der Rhein hier den Turbo! Einer, der auch überdrehen kann, wenn die Nahe mal wieder Hochwasser führt und Bingen in den Fluten ertrinkt.

So betrachtet ist die Mündung der Nahe auch Verweis auf die Endlichkeit. Dass es nichts gibt, was ewig währt! Jeder Fluss ist irgendwann am Ziel – so wie die Nahe, die von der Quelle bis zur Mündung mehr als 100 Kilometer zurückgelegt hat. Quer durch zwei Bundesländer, vorbei an eindrucksvollen Felsen und Burgen, begleitet von Wäldern, Wiesen und Weinbergen. Manchmal, wie in Idar-Oberstein, hat man sie respektlos behandelt und unter die Stadt verbannt, um den Autos oben Platz zu machen, oder sie in ein Korsett aus großen Steinen gezwängt.

Zahlreiche Bäche und Flüsse, von der Alsenz bis zum Glan, haben auch der Nahe das nötige Wasser zum Zieleinlauf geliefert. Es wird weiter Richtung Nordsee fließen, irgendwann verdunsten und in Wolkenform wieder neu erscheinen. So einfach ist das mit dem Kreislauf, des Wassers und des Lebens, der einem an der Nahemündung bewusst werden kann. Für mich zumindest ist das immer wieder ein Glücksmoment!

● Nahemündung, 55411 Bingen
www.bingen.de
● ÖPNV: RB 65 oder RE 2, Haltestelle Bingen (Rhein) Hauptbahnhof

Bibliografische Informationen der Deutschen Nationalbibliothek
Die Deutsche Nationalbibliothek verzeichnet diese Publikation in der Deutschen Nationalbibliografie; detaillierte bibliografische Daten sind im Internet über http://dnb.d-nb.de abrufbar.

Konzeption/Satz: Droste Verlag, Düsseldorf
Einbandgestaltung und Illustrationen: Britta Rungwerth, Düsseldorf, unter Verwendung von Bildern von © Fotolia.com: jd - photodesign.de; © iStock: Plociennik Robert
Fotos: Günter Schenk, außer:
Jan Bruns: S. 11, 15, 21, 25, 29, 33, 51, 73, 75, 81, 85, 91, 95, 105, 115, 117, 119, 123, 135, 147, 155, 157, 159, 163; Ulrich Holzhausen: S. 17, 37, 57, 69, 103, 129, 151; Rentieralm: S. 45; stock.adobe.com: S. 23 (creativenature.nl)
Textlektorat: Katja Rasmus

MIX
Papier aus verantwortungsvollen Quellen
FSC® C011279
FSC www.fsc.org

Druck und Bindung: LUC GmbH, Greven
ISBN 978-3-7700-2305-9

www.droste-verlag.de